VOUS VOULEZ EN SAVOIR PLUS SUR LES SUJETS ABORDÉS DANS LA COLLECTION ?

VOUS VOULEZ TESTER VOS CONNAISSANCES ?

RENDEZ-VOUS SUR LE COMPAGNON WEB DE LA COLLECTION *VIVRE ENSEMBLE* À L'ADRESSE

www.erpi.com/vivreensemble.cw

Vous y trouverez :

✓ **des adresses Internet et des références bibliographiques sur :**
  - les traditions religieuses ;
  - les sujets abordés en éthique ;

✓ **des quiz en ligne pour tester vos connaissances sur :**
  - les traditions religieuses ;
  - les notions et les concepts ;

✓ **des mots entrecroisés pour réviser les éléments importants de chaque dossier ;**

✓ **et plus encore...**

Comment avoir accès au **Compagnon Web ?**

1. Allez à l'adresse **www.erpi.com/vivreensemble.cw**

2. Entrez le nom d'utilisateur et le mot de passe ci-dessous :

Nom d'utilisateur	Mot de passe
cw36721	tnfyjg

3. Suivez les instructions à l'écran

Assistance technique : tech@erpi.com

ÉTHIQUE ET CULTURE RELIGIEUSE

vivre ensemble 1

1ʳᵉ secondaire **CAHIER DE SAVOIRS ET D'ACTIVITÉS**

Jacques Tessier

AVEC LA COLLABORATION DE
Martin Dubreuil
Stéphane Farley
Mathieu Gaudreault

Centre de ressources de la Faculté d'éducation
Université d'Ottawa - University of Ottawa
Faculty of Education Resource Centre

ERPI
ÉDITIONS DU RENOUVEAU PÉDAGOGIQUE INC.

5757, RUE CYPIHOT, SAINT-LAURENT (QUÉBEC) H4S 1R3
TÉLÉPHONE : **514 334-2690** TÉLÉCOPIEUR : **514 334-4720**
erpidlm@erpi.com **www.erpi.com**

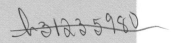

Directrice de l'édition
Marie Duclos

Chargés de projet et réviseurs linguistiques
Diane Legros (dossiers 1 à 10)
Pierre-Marie Paquin (Boîte à outils)

Correctrices d'épreuves
Isabelle Rolland
Lucie Lefebvre

Recherchistes (photos, textes et droits)
Catherine Dubois
Jocelyne Gervais
Annig Guhur
Émilie Laurin Dansereau
Anne-Marie Martel

Directrice artistique
Hélène Cousineau

Coordonnatrice aux réalisations graphiques
Sylvie Piotte

Couverture
Frédérique Bouvier

Conception graphique et édition électronique
Frédérique Bouvier

Illustrateurs
Florent Auguy, colagene.com : p. 1, 15, 19, 49, 50, 129
Jérôme Mireault, colagene.com : p. 4, 18, 52, 122, 207, 208, 212
Martin Goneau : p. 2, 5, 6, 7, 8, 9, 11, 13, 213, 214, 215, 216

Cartographes
Julie Benoit (p. 204, 205)
Dimension DPR (p. 179, 183, 187, 191, 195, 199)

Réviseurs scientifiques

Melchior Mbonimpa, Université de Sudbury, sciences religieuses

Jean-René Milot, Ph. D. en études islamiques

Nicole O'Bomsawin, consultante et conférencière, histoire, culture et patrimoine vivant des autochtones

Isabelle Saine, enseignante au collège André-Grasset, chargée de cours à l'UQAM et doctorante à l'École des hautes études en sciences sociales à Paris

François Thibeault, doctorant au Département des sciences des religions à l'UQAM

Consultante pédagogique

Annie Desrosiers, professeure d'éthique et culture religieuse, 1er cycle du secondaire, école secondaire Saint-Jean-Baptiste, commission scolaire Marie-Victorin

Rédacteur

Paul Trépanier, consultant en patrimoine, histoire de l'art et de l'architecture (dossier 7)

Notes

Graphies : Il existe plusieurs façons d'écrire en français les mots qui viennent d'autres langues. Dans le présent ouvrage, nous avons privilégié les translittérations qui se trouvent dans les programmes d'éthique et culture religieuse ou dans *Le petit Robert*.

Projection des planisphères : projection de Robinson.

© ÉDITIONS DU RENOUVEAU PÉDAGOGIQUE INC., 2008

Tous droits réservés.
On ne peut reproduire aucun extrait de ce livre sous quelque forme ou par quelque procédé que ce soit — sur machine électronique, mécanique, à photocopier ou à enregistrer, ou autrement — sans avoir obtenu, au préalable, la permission écrite des Éditions du Renouveau Pédagogique Inc.

Dépôt légal – Bibliothèque et Archives nationales du Québec, 2008
Dépôt légal – Bibliothèque et Archives Canada, 2008

Imprimé au Canada   1234567890 II 098
ISBN 978-2-7613-2371-0   11008 ABCD OS12

Votre nouveau cahier d'éthique et culture religieuse

Bonjour à vous,

Chaque nouvelle année scolaire apporte de nouveaux défis à relever! En éthique et culture religieuse, vous apprendrez à mieux comprendre le monde dans lequel vous vivez. On vous demandera de réfléchir sur différents sujets, de vous informer, de bâtir votre opinion, d'échanger avec d'autres personnes. Et cela, dans les meilleures conditions possibles, peu importe le sujet.

Voici quatre questions que je me suis posées avant d'écrire ce cahier. Je m'amuse à vous les poser maintenant. Il n'y a pas de « bonne » réponse, ce sont des questions de réflexion. Écrivez vos réponses et revenez-y de temps à autre (pas besoin d'attendre que votre enseignant ou enseignante vous dise de le faire). Modifiez vos réponses, ajoutez des nuances, biffez des passages, entourez des mots importants, faites comme vous voulez, c'est votre réflexion!

Votre nom :

_____

Le nom de votre enseignant ou enseignante :

_____

Le numéro de votre groupe :

_____

Recopiez votre code d'accès au Compagnon Web [**www.erpi.com/vivreensemble.cw**].

Nom d'utilisateur :

_____

Mot de passe :

_____

1. Quel est le lien entre l'expression « vivre-ensemble » et l'éthique et la culture religieuse ?

   _____
   _____
   _____

2. Comment faire pour dialoguer dans le but de mieux vivre ensemble ?

   _____
   _____
   _____

3. Qu'est-ce que la reconnaissance de l'autre peut apporter à quelqu'un ?

   _____
   _____
   _____

4. Que signifient les mots « la poursuite du bien commun » ?

   _____
   _____
   _____

Je vous souhaite une excellente année en éthique et culture religieuse.

L'auteur
Jacques Tessier :-)

Table des matières

Table des matières

Aperçu d'un dossier

Première partie du dossier

Le numéro et le titre du dossier

Le sommaire
- Pour situer les trois parties du dossier
- Pour voir quels sont les textes à lire et quelles sont les activités à faire

La mise en situation
- Des tableaux, des textes, des photos ou des illustrations pour faire connaissance avec le sujet du dossier

Des questions de réflexion
- Pour vous approprier le sujet, pour enclencher votre réflexion

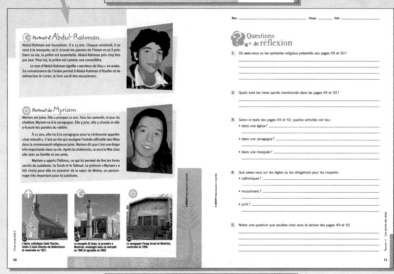

La page « Action »
- Pour connaître le but du dossier
- Pour cocher au fur et à mesure les tâches accomplies

- Pour orienter votre lecture

- Pour comprendre certains points de la compétence « Pratiquer le dialogue »
- Pour savoir quels éléments du programme sont travaillés

Deuxième partie du dossier

Les pages d'information

Des encadrés
- Pour en apprendre plus sur certains sujets

Des renvois au Compagnon Web
- Pour savoir où trouver plus d'information sur certains sujets

Des renvois à la Boîte à outils
- Pour vous faciliter la tâche !

Des zones de vocabulaire
- Pour écrire la définition des mots soulignés. Un truc : consultez le glossaire !

Des renvois au glossaire
- Pour comprendre la signification des mots soulignés ; les définitions sont données à la fin du cahier, dans la section glossaire, aux pages 217 à 219

Des photos, des illustrations et des tableaux
- Pour « voir » ce dont il est question

Les pages d'activités

Des renvois aux pages
- Pour trouver l'information nécessaire pour faire l'activité

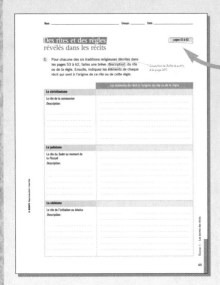

Troisième partie du dossier

Le bilan
- Un texte pour revoir le but du dossier et pour revenir sur les notions et concepts
- Des questions pour faire le point sur le sujet étudié et sur les compétences travaillées

Aperçu de la Boîte à outils

Les compétences disciplinaires

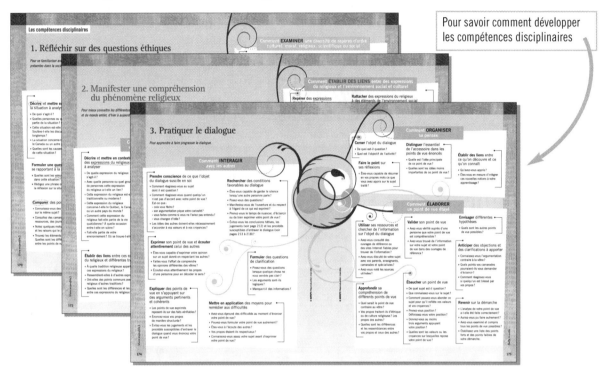

Pour savoir comment développer les compétences disciplinaires

Les traditions religieuses

Pour en savoir plus sur les traditions religieuses abordées dans les dossiers

• La situation dans le monde

• Les grands moments de l'histoire

- L'histoire de cette tradition au Québec

- La situation dans les régions du Québec

Le dialogue

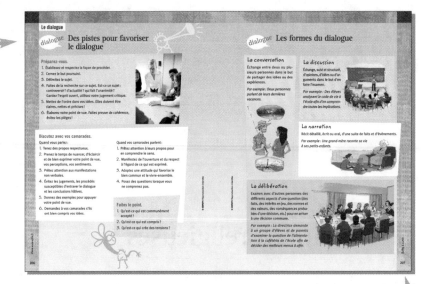

- Des pistes pour mieux dialoguer

- Des méthodes pour élaborer un point de vue

- Des définitions et des exemples

- Des pièges à éviter

Aperçu de la Boîte à outils

C'est la rentrée !

Dossier 1

Préparation

Avec la rentrée au secondaire, il y a bien des choses à apprivoiser : l'école et ses locaux, l'horaire, les règles et les règlements, les matières, et plus encore ! Les nouveaux élèves vont de découverte en découverte. Les sujets de discussion ne manquent pas. Les occasions de discuter sont nombreuses. Les points de vue sont parfois différents. Chaque personne amène ses arguments pour justifier son opinion. Faire un pas de plus vers l'autonomie, c'est être en mesure d'évaluer et de remettre en question les arguments, ceux des autres et les nôtres. Cela permet de communiquer de la meilleure façon possible.

Il paraît que la nourriture
de la cafétéria est très mauvaise.
C'est mon grand frère qui me l'a dit.

Ton grand frère ?
Celui qui passe son temps à l'aréna ?
Pfff ! Moi, je me méfie des sportifs.

Tu sauras que c'est prouvé : les sportifs
sont plus intelligents que ceux qui ne pratiquent
aucun sport ; mon père me l'a dit.

Eh bien, si c'est vrai,
tu n'as pas dû faire beaucoup
de sport dans ta vie !

Questions de réflexion

1. Croyez-vous automatiquement tout ce qu'on vous dit sur votre nouvelle école ?
   Expliquez votre réponse.

   _____

   _____

   _____

   _____

   _____

2. Quand vous discutez avec quelqu'un, qu'est-ce qui est important pour vous ?

   _____

   _____

   _____

   _____

3. Selon vous, qu'est-ce qui peut faire en sorte qu'une discussion se déroule bien ?

   _____

   _____

   _____

   _____

4. Selon vous, qu'est-ce qui peut faire en sorte qu'une discussion se déroule mal ?

   _____

   _____

   _____

   _____

5. Notez une question que vous vous posez au sujet des conditions qui peuvent faire en sorte
   qu'une discussion se déroule bien.

   _____

   _____

   _____

ACTION !

Dans le but d'apprendre à reconnaître des éléments qui peuvent nuire au dialogue pendant une discussion et afin de développer votre autonomie par rapport aux arguments des autres:

☐ 1. Lisez les textes et les bandes dessinées qui les accompagnent aux pages 5 à 8. Cela vous permettra de prendre connaissance de différents pièges à éviter.

☐ 2. Faites l'activité *Quel est le piège?* des pages 9 et 10 afin d'apprendre à repérer des pièges dans des discussions.

☐ 3. Faites l'activité *Des pièges qui nuisent au dialogue* des pages 11 et 12; complétez des discussions entre deux personnes en y ajoutant des pièges.

☐ 4. Pour faire le bilan du dossier 1, faites l'activité des pages 13 et 14.

Une discussion est un échange suivi et structuré d'opinions, d'idées ou d'arguments dans le but d'en faire l'examen.

Voir aussi la Boîte à outils, à la page 207.

Éléments du programme travaillés

Compétence disciplinaire 1:
Réfléchir sur des questions éthiques.

Thème:
L'autonomie.

Contenu:
La dépendance et l'autonomie.

Compétence disciplinaire 3:
Pratiquer le dialogue.

Forme du dialogue:
Discussion.

Moyen pour élaborer un point de vue:
Explication.

Moyen pour interroger un point de vue:
Procédés susceptibles d'entraver le dialogue.

Domaine général de formation:
Vivre-ensemble et citoyenneté.

Compétences transversales:
3. Exercer son jugement critique.
9. Communiquer de façon appropriée.

Les pièges à éviter

Pour vivre ensemble à l'école, dans les loisirs, à la maison, il est souvent nécessaire de faire valoir son point de vue et d'entendre le point de vue des autres. Parfois, pour faire avancer la discussion, il est également nécessaire de remettre en question des arguments utilisés. Certains arguments peuvent nuire au dialogue lorsqu'ils ne reposent pas sur des éléments logiques et cohérents. Pour que les conditions soient favorables à la discussion, voici des pièges à éviter :

1. La généralisation abusive.
2. L'attaque personnelle.
3. L'argument d'autorité.
4. L'appel à la popularité.
5. L'appel au clan.
6. L'appel au préjugé.
7. L'appel au stéréotype.

1. La généralisation abusive

Faire une généralisation, c'est tirer une conclusion générale à partir d'un seul cas ou de quelques cas isolés, sans vérifier si cela suffit pour en arriver à cette conclusion.

> En cours de lecture, surlignez les mots qui vous semblent importants.

> J'ai raté mon premier examen de mathématique. Je suis certaine que je vais rater les autres.

> Justine, tu ne peux pas dire ça. C'est juste le premier examen. S'il le faut, va chercher de l'aide ou va à la récupération. Tu vas sûrement réussir les autres.

2. L'attaque personnelle

Faire une attaque personnelle, c'est critiquer un aspect d'une personne plutôt que de critiquer ses arguments.

3. L'argument d'autorité

Utiliser un argument d'autorité, c'est faire appel incorrectement à une personne en position d'autorité pour appuyer un argument.

4. L'appel à la popularité

Faire un appel à la popularité, c'est utiliser un argument pour dire qu'une chose est vraie, bonne ou acceptable uniquement parce qu'un grand nombre de personnes le disent.

5. L'appel au clan

Faire un appel au clan, c'est utiliser comme argument l'opinion d'un groupe de personnes que l'on juge estimables.

6. L'appel au préjugé

Faire un appel au préjugé, c'est utiliser un argument basé sur une opinion préconçue, sur une idée toute faite, favorable ou défavorable, et qui est souvent imposée par le milieu, l'époque ou l'éducation.

> J'espère que tu ne feras pas équipe avec lui...

> ...as-tu vu ses jeans démodés ?

> Un peu farfelu comme argument ! C'est un préjugé de penser que les gens qui ne suivent pas la mode ne sont pas intéressants.

7. L'appel au stéréotype

Faire un appel au stéréotype, c'est utiliser un argument qui contient une image figée d'un groupe de personnes et qui ne tient pas compte des singularités de chaque individu. Cette image est généralement négative et basée sur des renseignements faux ou incomplets.

> Les femmes ne devraient pas conduire des autobus scolaires. Elles sont dangereuses au volant.

> Ce sont elles qui causent la plupart des accidents de la route.

> J'aimerais connaître les statistiques à ce sujet. Une chose est certaine : cet argument repose sur un stéréotype.

Quel est le piège ?

pages 5 à 8

Voici quelques exemples de discussions entre des élèves qui font leur entrée en 1re année du secondaire. Ces situations contiennent des arguments qui sont des obstacles au dialogue.

Parmi les pièges suivants, indiquez le type de piège qui correspond à chacune de ces situations.

1. La généralisation abusive.

2. L'attaque personnelle.

3. L'argument d'autorité.

4. L'appel à la popularité.

5. L'appel au clan.

6. L'appel au préjugé.

7. L'appel au stéréotype.

Exemple :

Alexandre et Ariane vivent leur 1re journée à l'école secondaire Vivre-ensemble. Ariane confie à son ami :
— Dans toutes les écoles secondaires, il y a du taxage. Il va y en avoir à l'école.
1. La généralisation abusive. _____

A. Jérémie commence sa dernière année au secondaire. Il regarde arriver les élèves de la 1re année du secondaire. Il dit à ses amis :
— Les petits nouveaux sont tellement bébés : leurs parents viennent les reconduire et les chercher chaque jour.

_____

B. Stéphanie a eu son 1er cours d'éducation physique. Elle en parle à ses copines :
— La prof a passé son temps à faire des blagues avec les élèves. Comment veux-tu qu'on la respecte et qu'on la prenne au sérieux ?

_____

C. Matthieu dit à Kariane :
— Il n'y aura jamais de devoirs dans le cours de science ; tous les élèves le disent.

_____

D. Louis-Philippe dit à Martin :

— Les filles ne sont pas fortes. Je ne veux pas les avoir dans mon équipe en éducation physique.

_____

E. Kim parle à Roxane :

— Le prof de musique aime le jazz. Il nous en a fait écouter un morceau. Je ne l'ai pas aimé. De toute façon, ça ne me surprend pas. Mes amis me l'avaient bien dit que le jazz, c'était ennuyant.

_____

F. Julio fait la remarque suivante à son amie Sophie :

— La sculpture, c'est ce qu'il y a de mieux. Madame Chouinard nous l'a dit au cours d'arts plastiques.

_____

G. Sophia affirme à Rosalie :

— José et sa bande l'ont dit : au secondaire, c'est certain que tu te fais plus d'amis si tu possèdes un cellulaire.

_____

H. Marc-Antoine n'est pas content. Aux élèves de sa classe, il affirme :

— On n'est pas libres à l'école. On n'a aucun droit. La direction nous interdit de porter nos chapeaux dans l'école !

_____

I. Luce lance à sa voisine de casier :

— Peux-tu prendre moins de place quand tu ouvres la porte de ton casier ? C'est donc vrai, la rumeur qui court à ton sujet : tu ne penses qu'à toi.

_____

J. Raphaël et sa sœur Chloé discutent sur le chemin de l'école :

— Tu dois absolument m'attendre à la fin des classes.

— Pourquoi ? demande Raphaël.

— Parce que je suis ta grande sœur.

_____

K. Vincent et son copain Joshua parlent de leurs couleurs préférées.

— Quand je porte du rouge, il m'arrive toujours malheur, soutient Vincent.

_____

Des pièges qui nuisent au dialogue

pages 5 à 8

1. a) Chacun des textes suivants est un début de discussion entre des élèves de la 1ʳᵉ année du secondaire. Complétez-les en ajoutant dans la discussion un élément qui nuit au dialogue. Choisissez un type de piège parmi les suivants :

- La généralisation abusive.

- L'attaque personnelle.

- L'argument d'autorité.

- L'appel à la popularité.

- L'appel au clan.

- L'appel au préjugé.

- L'appel au stéréotype.

b) Indiquez le type de piège choisi.

c) Expliquez votre réponse à l'aide des définitions des pages 5 à 8.

> Au besoin, consultez la Boîte à outils, à la page 213.

A. Dans l'autobus scolaire, Jocelyn dit à Mylène :
— L'école organise un voyage en Italie pour le mois de mai prochain.
— Super ! J'aimerais y aller, dit Mylène.
— Il paraît que c'est un voyage organisé par les élèves du cours de théâtre, ajoute Jocelyn.
Surprise, Mylène affirme :

— _____

_____

_____

_____

_____

_____

Type de piège : _____

Explication : _____

_____

B. Dans le vestiaire du gymnase, Philippe dit à Rodrigo :

— C'est la partie de football demain. Notre école affronte les Rouges de Berthierville.

— Ce sera une très bonne partie. Depuis le match de fin d'année, l'an passé,

il y a une grande rivalité entre notre équipe et les Rouges, déclare Rodrigo.

Furieux, Philippe s'exclame :

— _____

_____

_____

_____

Type de piège : _____

Explication : _____

_____

C. À la cafétéria, Annie dit à Mélissa :

— J'ai vu le nouveau professeur de français qui va remplacer Mme Picard.

Inquiète, Mélissa affirme :

— J'espère qu'il sera aussi intéressant que Mme Picard.

Annie répond :

— _____

_____

_____

_____

Type de piège : _____

Explication : _____

_____

D. Alexis et son cousin Jim parlent de la copine de Jim.

— Jim, je ne veux pas que ta copine vienne au cinéma vendredi soir. Elle ne fait pas

partie de notre groupe. On ne la connaît pas et j'ai entendu des choses à son sujet…

— Que veux-tu dire, Alexis ?

Alexis hésite, puis il se décide à parler.

— _____

_____

_____

_____

Type de piège : _____

Explication : _____

_____

Bilan du dossier 1

Dans ce dossier, vous avez pris conscience du fait que l'utilisation de certains types d'arguments peuvent nuire au dialogue pendant une discussion.

Vous avez réalisé qu'il est fréquent d'entendre ou de formuler des jugements au moment où on émet un point de vue sur une situation donnée. Lorsqu'on tente de faire valoir son point de vue, lorsque les opinions sont différentes, le meilleur moyen de faire avancer la discussion est l'utilisation d'arguments pertinents.

Il est parfois nécessaire de prendre du recul par rapport à une situation pour évaluer les arguments, dépasser les stéréotypes, les préjugés et les idées préconçues. Apprendre à le faire est un pas de plus vers l'ouverture aux autres et l'autonomie.

> Pour vérifier vos connaissances, explorez la section *Jeux* du Compagnon Web *Vivre ensemble* :
> **www.erpi.com/vivreensemble.cw**

1. Relisez les pièges des pages 5 à 8. Rappelez-vous une discussion au cours de laquelle quelqu'un a utilisé un argument qui correspond à un de ces pièges.

   a) Racontez brièvement cette discussion.

   _____

   _____

   _____

   _____

   _____

   b) De quel piège s'agissait-il ?

   _____

   c) Quelle a été votre réaction ?

   _____

   d) Pourquoi avez-vous réagi ainsi ?

   _____

   e) À la lumière de ce que ce dossier vous a appris, qu'est-ce qui serait différent si une situation semblable se présentait aujourd'hui ?

   _____

   _____

   _____

Dossier 1 · C'est la rentrée !

2. Parmi les réponses ci-dessous, entourez celle qui démontre que la personne ne se laisse pas prendre au piège et fait preuve de jugement critique face aux arguments utilisés. Expliquez votre réponse.

« Julien, ne déforme pas mes paroles, je ne t'ai pas demandé de t'habiller comme Pavel. Je te demande simplement d'aller au-delà des apparences et de continuer de lui parler comme avant. C'est ton meilleur ami. »

A. « Maman, choisis : ou bien je parle à Pavel et je perds tous mes amis, ou je continue à l'ignorer à l'école. »

B. « Dans mon groupe d'amis, personne n'est forcé d'adresser la parole à des gens qui n'ont pas de style. Je suis assez grand pour choisir mes amis ! »

C. « Tu as raison : je crois que mon argument était un appel au préjugé. Je peux très bien continuer ma relation d'amitié avec Pavel même si nous n'avons pas les mêmes goûts vestimentaires. »

_____

_____

_____

3. Parmi les choix de réponse suivants, cochez les attitudes à adopter pour favoriser le dialogue.

❏ Respecter l'autre dans sa différence.

❏ Ne pas hésiter à rire de quelqu'un.

❏ Dire du mal de vos camarades.

❏ Maintenir des rapports égalitaires avec tout le monde.

❏ Rejeter toute forme d'exclusion.

4. Avez-vous trouvé une réponse à la question que vous vous posiez avant de lire le dossier (question n° 5, à la page 3) ?

_____

_____

_____

_____

5. Avez-vous réussi à éviter les pièges dans vos discussions avec vos camarades depuis que vous avez lu ce dossier ? Expliquez votre réponse.

_____

_____

_____

_____

Deviens qui tu es

Préparation

« *D* eviens qui tu es » est un appel lancé par un poète de la Grèce antique, qui a trouvé un écho jusqu'à notre époque. On peut interpréter cet appel comme une invitation à l'épanouissement et au développement de son plein potentiel. « Deviens l'être unique que tu es, deviens toi-même ! » Voilà certainement un des plus beaux souhaits qu'un parent puisse formuler pour son enfant.

Pour devenir soi-même, il faut apprendre à se connaître, à s'affirmer, à prendre sa place. Pour y arriver, on a besoin de l'aide des autres, comme le jeune plant a besoin d'un tuteur. Au début de leur vie, les êtres humains ont besoin d'être soignés, nourris, aidés, soutenus, encadrés et protégés. Peu à peu, ils cheminent vers l'autonomie afin de répondre de façon autonome à leurs propres besoins.

2.2
Le poète grec Pindare (518-438 avant notre ère). On doit la maxime « Deviens qui tu es » au poète grec Pindare. Elle a été ensuite reprise par Friedrich Nietzsche, un philosophe allemand du 19e siècle.

Dans le domaine de la pensée, la Grèce antique a légué à l'humanité un grand héritage : l'éthique et la philosophie. De grands philosophes, comme Socrate, Aristote et Platon, amis de la sagesse et du savoir bien vivre, se sont succédé et ont fait évoluer la pensée d'une manière qui nous inspire encore aujourd'hui.

2.1
Le jeune plant a besoin d'un tuteur pour le supporter dans sa croissance. Plus le plant approche de sa maturité, moins le tuteur est nécessaire.

Les âges de la vie

Les photographies ci-dessous présentent différents moments de la vie d'une personne. Décrivez ces moments en rédigeant une légende sous chaque photographie, puis classez-les dans l'ordre chronologique en utilisant les chiffres de 1 à 9. La solution se trouve au bas de la page 17.

2.3

_____

_____

2.4

_____

_____

2.5

_____

_____

2.6

_____

_____

2.7

_____

_____

2.8

_____

_____

2.9

_____

_____

2.10

_____

_____

2.11

_____

_____

Questions de réflexion

1. Qu'avez-vous appris à faire de façon autonome depuis votre entrée à la maternelle ?

   _____

   _____

   _____

2. Qu'est-ce qui vous a permis de faire ces apprentissages ?

   _____

   _____

   _____

3. Qu'est-ce que vous pourrez faire, une fois adulte, que vous ne pouvez pas faire maintenant ?

   _____

   _____

   _____

   _____

4. En vous inspirant du texte de la page 15, expliquez comment les autres peuvent vous aider à devenir vous-même.

   _____

   _____

   _____

5. Nommez une personne qui présente les caractéristiques des personnes autonomes ? Justifiez votre réponse.

   _____

   _____

   _____

6. Notez une question que soulève chez vous la lecture des pages 15 et 16.

   _____

   _____

   _____

Solution de la page 16 : 6, 4, 7, 9, 2, 5, 8, 3, 1.

Dossier 2 • Deviens qui tu es

⭐ACTION !

Dans le but de comprendre ce qu'est l'autonomie et la place qu'occupent les autres dans le développement d'une personne :

❏ 1. Lisez les textes des pages 19 et 20.
   ❏ p. 19, *Devenir soi-même : l'histoire d'une vie*
   ❏ p. 20, *La pyramide des besoins de Maslow*

❏ 2. Afin de vérifier votre compréhension, faites les activités des pages 21 et 22.
   ❏ p. 21, *Le jeu de la pyramide*
   ❏ p. 22, *Devenir autonome grâce aux autres*

❏ 3. Lisez les textes des pages 23 et 24.
   ❏ p. 23, *Devenir son propre chef*
   ❏ p. 24, *Au nom de la loi, je vous libère !*

❏ 4. Pour vérifier votre compréhension, faites l'activité *L'autonomie pas à pas,* à la page 25.

❏ 5. Faites l'activité *Une sortie imprévue,* à la page 26, afin de vous préparer à un débat sur une question liée à l'autonomie.

❏ 6. Pour faire le bilan du dossier 2, faites l'activité des pages 27 et 28.

En cours de lecture, surlignez les mots qui vous semblent importants.

atelier du **dialogue**

Un débat est un échange encadré entre des personnes ayant des avis différents sur un sujet controversé.

Voir aussi la Boîte à outils, à la page 208.

Éléments du programme travaillés

Compétence disciplinaire 1 :
Réfléchir sur des questions éthiques.

Thème :
L'autonomie.

Contenu :
La dépendance et l'autonomie.

Compétence disciplinaire 3 :
Pratiquer le dialogue.

Forme du dialogue :
Débat.

Moyen pour élaborer un point de vue :
Justification.

Moyen pour interroger un point de vue :
Procédés susceptibles d'entraver le dialogue.

Domaine général de formation :
Santé et bien-être.

Compétences transversales :
3. Exercer son jugement critique.
7. Actualiser son potentiel.

Devenir soi-même : l'histoire d'une vie

Les premiers pas vers l'autonomie

Comparés aux autres animaux, les êtres humains ont besoin de beaucoup d'attentions et d'un grand nombre d'années avant de devenir autonomes. En fait, dès sa naissance, le nourrisson dépend totalement des bons soins de son entourage pour sa survie.

D'année en année, les personnes qui se soucient de leur éducation enseigneront aux enfants tout ce qu'ils doivent apprendre pour vivre et survivre. Les enfants apprennent à marcher, à parler, à s'alimenter, à éviter les blessures, à s'habiller, etc. Les gens autour d'eux adaptent leurs interventions en fonction de leur développement. À l'école, les enfants acquièrent un grand nombre de connaissances. Ils apprennent, entre autres, à se faire des amis et à observer un ensemble de règles nécessaires pour vivre harmonieusement avec les autres. Peu à peu, ils avancent vers l'autonomie.

2.12 Des étapes du développement chez le cheval et l'être humain

	Le cheval	L'être humain
Se tenir debout	Quelques minutes après sa naissance	1 an
Se nourrir seul	Quelques minutes après sa naissance	1 an
Marcher	Quelques minutes après sa naissance	Vers 1 an
Courir	Environ une heure après sa naissance	Vers 18 mois

Autonomie :

Vers une plus grande autonomie

Au fil du temps, les enfants dépendent de moins en moins des autres pour satisfaire leurs besoins. L'enfance, l'adolescence puis l'âge adulte amènent les personnes vers une autonomie de plus en plus grande. Au fil des ans, les personnes peuvent jouer à leur tour le rôle de tuteur pour leurs propres enfants ou pour des enfants de leur entourage.

Un retour vers la dépendance

Généralement, vers la fin de leur vie, les êtres humains perdent petit à petit des pans de l'autonomie acquise tout au long de leur vie. Les déplacements et les tâches de la vie de tous les jours deviennent de plus en plus difficiles à accomplir. Les êtres humains très âgés dépendent souvent des autres pour répondre à leurs besoins.

2.13

L'autonomie et la dépendance varient selon les étapes de la vie.

La pyramide des besoins de Maslow

Pour en savoir plus sur la pyramide des besoins d'Abraham Maslow, consultez le Compagnon Web *Vivre ensemble* :
www.erpi.com/vivreensemble.cw

Les besoins des êtres humains

Quels sont les besoins qu'une personne doit satisfaire afin de développer au maximum sa personnalité et son potentiel? Le psychologue américain Abraham Maslow a réfléchi à cette question. Il a imaginé une hiérarchie des besoins des êtres humains qu'il a représentée sous la forme d'une pyramide à cinq niveaux.

Selon Abraham Maslow, les besoins qui se trouvent à la base de la pyramide doivent être satisfaits en priorité. Si ces besoins sont comblés, il est possible de passer à la satisfaction des autres besoins. Les humains réalisent leur plein épanouissement lorsqu'ils ont réussi à combler leurs besoins à tous les niveaux de la pyramide.

2.15
Le psychologue américain Abraham Maslow (1908-1970).

2.14 **La pyramide des besoins du psychologue Abraham Maslow**

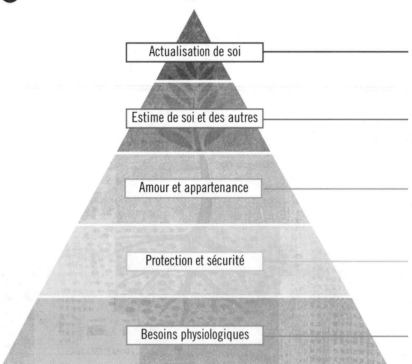

Actualisation de soi — S'accomplir en tant qu'être humain, mettre en œuvre ses capacités et son plein potentiel.

Estime de soi et des autres — Être content ou contente de soi et des autres, s'accepter et accepter les autres, être apprécié ou appréciée à sa juste valeur et apprécier les autres.

Amour et appartenance — Faire partie d'une famille, d'un groupe, d'un couple, etc.

Protection et sécurité — Ne pas craindre les dangers, avoir un endroit pour se loger, avoir suffisamment d'argent, etc.

Besoins physiologiques — Boire, manger, dormir, se laver, être au chaud, etc.

Selon Abraham Maslow, lorsqu'une personne voit tous ses besoins satisfaits, elle goûte à la satisfaction d'être devenue ce qu'elle est vraiment. Cet épanouissement se fait en acceptant l'apport des autres dans sa vie personnelle : dans la famille, le travail, les loisirs, etc. Ainsi, l'être accompli contribue, à sa façon, à former et à transformer le monde.

Le jeu de la pyramide

page 20

Placez les différents éléments de la liste ci-dessous au bon endroit
dans la pyramide des besoins du psychologue Abraham Maslow.

> sommeil • vie de famille • nourriture
> reconnaissance professionnelle • capacité de payer
> la nourriture, le logement, etc. • maison • amitié
> histoire d'amour • recherche du sens de la vie
> fierté personnelle • accomplissement de soi
> utilisation de son plein potentiel • marcher sur
> la rue sans craindre les dangers • vêtements chauds
> pour l'hiver • confiance en soi

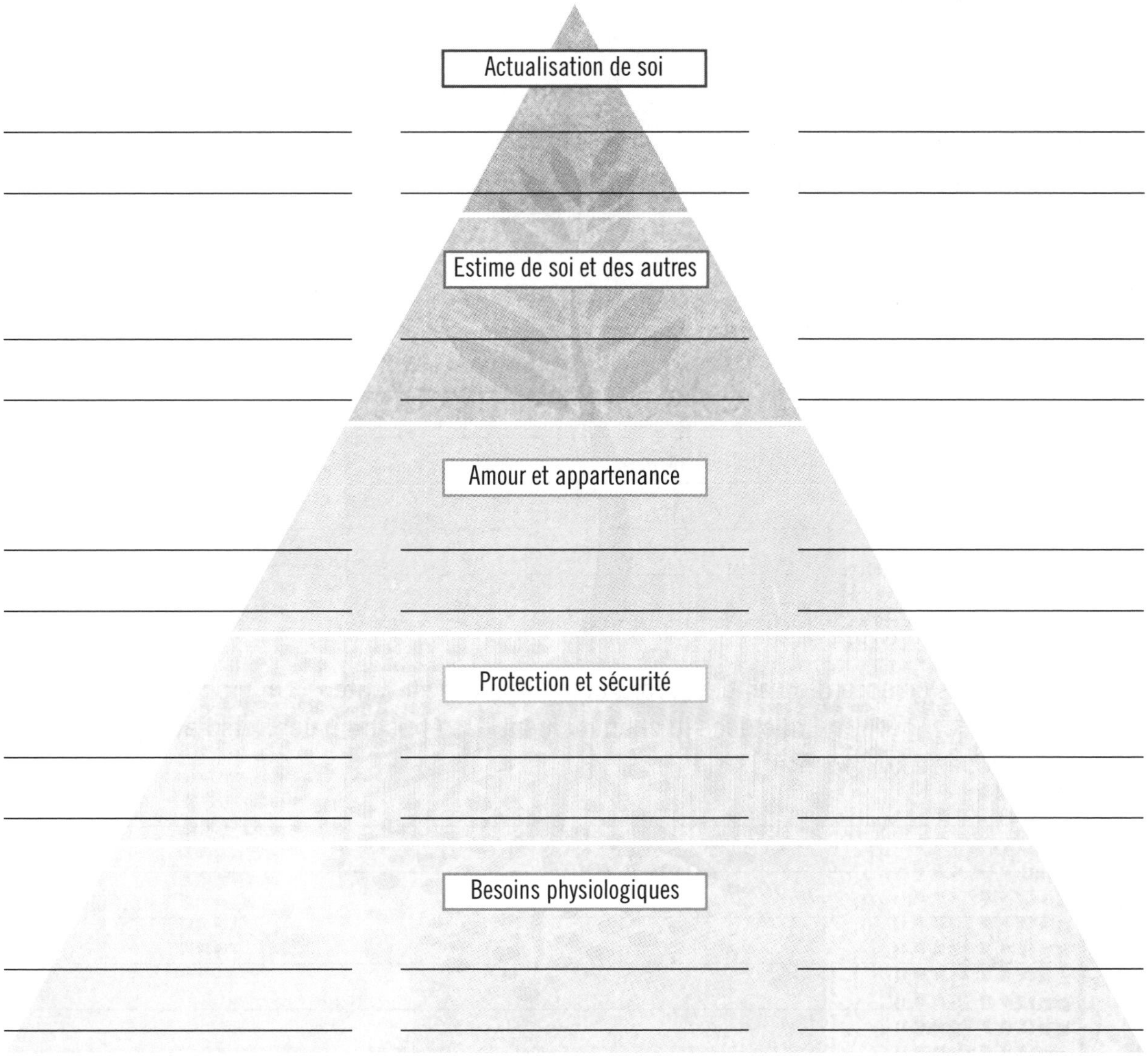

Actualisation de soi

_____   _____   _____

_____   _____   _____

Estime de soi et des autres

_____   _____   _____

_____   _____   _____

Amour et appartenance

_____   _____   _____

_____   _____   _____

Protection et sécurité

_____   _____   _____

_____   _____   _____

Besoins physiologiques

_____   _____   _____

_____   _____   _____

Dossier 2 • Deviens qui tu es

Devenir autonome grâce aux autres

page 19

1. Observez la liste des apprentissages et des besoins dans le tableau ci-dessous. Indiquez par un crochet où sont réalisés ces apprentissages et où ces besoins sont comblés.

Les apprentissages	Famille	École	Société
Apprendre à respecter le code de vie scolaire.			
Apprendre à manger sainement.			
Apprendre à parler.			
Apprendre à écrire.			
Apprendre à marcher.			
Apprendre à lire.			
Les besoins			
S'informer sur l'actualité.			
Aimer et être aimés.			
Faire partie du club de natation.			
Se faire des amis.			
Offrir ses services pour tondre les pelouses.			

2. a) Observez les éléments du tableau et indiquez les personnes qui jouent un rôle, de près ou de loin, pour permettre de réaliser ces apprentissages ou de combler ces besoins.

_____

_____

_____

_____

_____

_____

b) Êtes-vous en accord ou en désaccord avec la phrase suivante : « Un grand nombre de personnes jouent un rôle dans le cheminement des êtres humains vers l'autonomie » ? Expliquez votre réponse.

_____

_____

_____

_____

_____

_____

Devenir son propre chef

Décider par soi-même

Le mot « autonomie » vient du grec *autonomos* qui signifie « faire ses propres lois ». Ce mot signifie donc que la personne autonome ne dépend pas des autres pour faire ses choix. Elle est capable de choisir par elle-même ce qui est bon pour elle : elle est devenue son propre chef. Elle est également capable de remettre en question certaines règles. La personne autonome est indépendante par rapport aux modèles « prêts-à-penser » offerts par le monde qui l'entoure.

Apprendre grâce aux autres

À quel moment une personne est-elle en mesure de savoir ce qui est bon pour elle ? Si l'objectif est d'être capable de se diriger soi-même pour satisfaire ses propres besoins, est-ce que cela signifie qu'une personne autonome n'a plus besoin des autres dans sa vie ? En fait, c'est par les expériences avec les autres, en discutant avec les autres, qu'une personne autonome en arrive à mieux définir ses propres convictions.

Devenir autonome avec les autres

Être autonome, c'est aussi savoir quand demander conseil pour prendre une décision éclairée pour choisir ce qui est bon pour soi. C'est aussi être capable de comprendre et de juger par soi-même de la justesse des conseils reçus. Cet esprit critique provoque à l'occasion des tensions. En effet, il est parfois difficile d'avoir des opinions contraires à celles des autres. Être autonome, c'est aussi savoir quand fixer ses propres limites, sans attendre l'avertissement ou la punition. Finalement, être autonome, c'est devenir soi-même, avec les autres. Loin de refuser les confrontations, la personne autonome les accepte. Pour elle, ces conflits deviennent des occasions de choix pour se connaître, s'affirmer et prendre sa place pour améliorer le vivre-ensemble.

L'énigme du Sphinx

Dans la mythologie grecque, le Sphinx est une créature horrible : un buste et une tête de femme, un corps de chien, des griffes de lion, une queue de dragon et des ailes d'oiseau. Il tue les gens incapables de trouver la solution de son énigme.

Voici l'énigme du Sphinx.

« Quel est l'être doué de la voix qui a quatre pieds le matin, deux à midi, et trois le soir ? »

Un homme, nommé Œdipe, a trouvé la solution de l'énigme du Sphinx. Et vous ?

_____

2.16

Œdipe et le Sphinx, vase grec, 5ᵉ siècle avant notre ère.

Au nom de la loi, je vous libère !

Des lois qui accompagnent l'enfant

Pour en savoir plus sur les droits des jeunes, consultez le Compagnon Web *Vivre ensemble* : **www.erpi.com/vivreensemble.cw**

Dès la naissance d'un enfant, jusqu'à sa majorité fixée à 18 ans, notre société a prévu des lois, des règles et des règlements qui le protègent et l'encadrent dans son cheminement vers l'autonomie.

Le tableau ci-dessous présente quelques éléments mis en place par notre société pour encadrer ou protéger les enfants.

2.17 Les éléments mis en place dans notre société pour protéger ou encadrer les enfants

De 0 à 18 ans	La personne est sous l'autorité de ses parents.
De 5 ans à 16 ans	La personne doit fréquenter une école dès l'âge de 5 ans, et ce, jusqu'à l'âge de 16 ans.
14 ans et plus	La personne peut accepter ou refuser certaines interventions médicales, sans l'accord de ses parents.
13 ans et plus 16 ans et plus 18 ans et plus	La personne peut visionner certains films, selon son âge.
16 ans	Si elle a obtenu son permis de conduire, la personne peut conduire une voiture.
18 ans	La personne devient majeure ou adulte. La personne a le droit de vote. La personne peut légalement se marier.

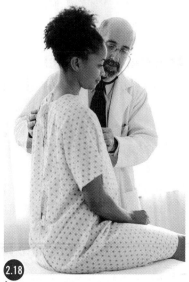

2.18 À 14 ans, cette jeune fille peut consulter un médecin sans l'accord de ses parents.

2.19 L'âge minimal pour l'obtention d'un permis de conduire est de 16 ans.

2.20 Dans notre société, l'âge du droit de vote est fixé à 18 ans.

2.21 Au Québec, la Régie du cinéma classe les films selon les groupes d'âges.

Avec l'autonomie viennent une plus grande liberté et aussi de plus grandes responsabilités. À chaque stade de la vie, la personne doit être consciente des règles, des règlements et des interdits de notre société.

L'autonomie pas à pas

pages 23 et 24

1. Complétez les énoncés suivants à l'aide de la liste de mots ci-dessous.

> • l'autorité • dix-huit • interventions médicales • parents • majeure
> • voter • se marier • physiologiques • parents • d'appartenance
> • faire ses propres lois • dépendre • chef

A. De 0 à _____ ans, l'enfant est sous _____

de ses parents.

B. À 14 ans, une personne est libre d'accepter ou de refuser les _____

sans l'autorisation de ses _____.

C. À 18 ans, une personne devient _____ : elle peut maintenant

_____ et _____.

D. Bébé, les besoins _____ de l'enfant sont comblés par

ses _____.

E. En accueillant une personne dans un groupe, les amis comblent son besoin

_____.

F. Le mot « autonomie » vient du grec *autonomos* qui signifie _____.

La personne autonome ne doit pas _____ des autres pour faire ses

choix. La personne autonome devient son propre _____, capable de

choisir par elle-même ce qui est bon pour elle.

2. Selon vous, quelle est la solution de l'énigme du Sphinx ? Expliquez votre réponse.

_____

_____

_____

_____

_____

_____

Une sortie imprévue

Imaginez la situation suivante.

Les parents de Marielle reçoivent une invitation à la dernière minute pour une sortie avec des amis de passage dans leur ville. Ils ne réussissent pas à trouver un gardien ou une gardienne. Ils proposent à Marielle d'appeler sa grand-mère, mais la jeune fille ne sait pas quoi répondre. Se sent-elle prête à rester seule à la maison ?

Imaginez que vous participez à une débat en classe. Voici la question à débattre : Êtes-vous pour ou contre le fait d'avoir un gardien ou une gardienne à la maison lorsque vos parents sortent le soir ? Pour vous préparer à un éventuel débat, remplissez les encadrés ci-dessous.

Au besoin, consultez la Boîte à outils, à la page 210.

Formulez deux arguments pour (justifier) votre position. Pour chaque argument, prévoyez une objection. L'une de ces objections doit comporter un des pièges vus dans le dossier 1, aux pages 5 à 8. Puis, pour chaque objection, ajoutez une réponse.

Pour ou contre l'arrivée d'un gardien ou d'une gardienne ?

Votre position (pour ou contre) : _____

_____

1er argument : _____	2e argument : _____
_____	_____
_____	_____
_____	_____
Objection : _____	Objection : _____
_____	_____
_____	_____
_____	_____
Réponse : _____	Réponse : _____
_____	_____
_____	_____

Nom : _____ Groupe : _____

Bilan du dossier 2

Dans ce dossier, vous avez pris connaissance des caractéristiques de l'autonomie et de la place qu'occupent les autres dans le développement d'une personne. Vous avez vu la hiérarchie des besoins du psychologue Abraham Maslow. Vous avez vu également que, dans notre société, il existe des éléments qui balisent l'existence d'un enfant pour l'encadrer et le protéger. Ces balises s'appuient sur des <u>valeurs</u> importantes pour notre société.

Pour vérifier vos connaissances sur l'autonomie et la dépendance, explorez la section *Jeux* du Compagnon Web *Vivre ensemble* :
www.erpi.com/vivreensemble.cw

1. Dans ce dossier, vous avez vu qu'il y a des moments de dépendance et des moments d'autonomie dans la vie des êtres humains. Nommez cinq situations de dépendance et cinq situations d'autonomie pour un être humain.

Situations de dépendance	Situations d'autonomie
_____	_____
_____	_____
_____	_____
_____	_____
_____	_____

2. Donnez votre propre définition de l'autonomie.

_____

_____

_____

3. Donnez votre propre définition de l'autonomie chez les adolescents.

_____

_____

_____

4. À la page 26, avez-vous été en mesure de formuler vos idées pour justifier votre position en présentant vos arguments de façon logique ? Expliquez votre réponse.

_____

_____

_____

_____

Dossier 2 · Deviens qui tu es

5. Ce que vous avez vu dans ce dossier a-t-il modifié votre opinion au sujet de l'autonomie et des besoins des êtres humains ? Expliquez votre réponse.

_____

_____

_____

_____

6. a) Avez-vous trouvé une réponse à la question que vous vous posiez avant de lire le dossier (question n° 6, à la page 17) ? Expliquez votre réponse.

_____

_____

_____

_____

b) Si vous n'avez pas trouvé de réponse, indiquez un moyen qui vous permettrait de le faire.

_____

_____

7. Dans quelles situations pensez-vous pouvoir réutiliser ce que vous avez appris dans ce dossier ?

_____

_____

_____

_____

2.22 Dès sa naissance, cet enfant a commencé sa quête d'autonomie.

2.23 Les êtres humains sont interdépendants.

Un précieux héritage

Préparation

*S*avez-vous qui est Marguerite Bourgeoys ? Au Québec, des écoles, des avenues, des rues, des parcs, une paroisse, une commission scolaire, un musée et une circonscription électorale portent son nom. Marguerite Bourgeoys est une pionnière et une femme d'action qui a laissé aux Québécois un précieux héritage.

Marguerite Bourgeoys est née en 1620, à Troyes, dans la province française de Champagne. Après sa rencontre avec Paul de Chomedey de Maisonneuve, gouverneur de Ville-Marie (Montréal), elle décide de quitter la France. Elle veut être

3.2
Marguerite Bourgeoys, la première sainte canadienne (1620-1700).
Elle a été <u>canonisée</u> le 31 octobre 1982 par le pape Jean-Paul II, chef de l'Église catholique. Elle a soigné des malades, a enseigné aux enfants et elle s'est préoccupée des démunis.

Pour en savoir plus sur Marguerite Bourgeoys, consultez le Compagnon Web *Vivre ensemble :*
www.erpi.com/vivreensemble.cw

3.1
La croix du mont Royal. Aussitôt arrivée en Nouvelle-France, Marguerite Bourgeoys fait remplacer la croix disparue qui avait été plantée par Maisonneuve en 1643 sur la montagne.

enseignante dans la nouvelle colonie. En 1653, elle s'installe à Ville-Marie, qui compte alors une cinquantaine d'habitants. On considère que Marguerite Bourgeoys est aussi importante que Maisonneuve et Jeanne Mance dans la fondation de Ville-Marie.

En 1657, Marguerite Bourgeoys commence la construction de la chapelle Notre-Dame-de-Bon-Secours. En 1658, elle ouvre la première école. Puis, elle fonde la congrégation de Notre-Dame, un groupe de religieuses qui joue un rôle de premier plan dans le domaine de l'éducation au Québec et dont les activités rayonnent dans le monde encore de nos jours.

3.4 La chapelle Notre-Dame-de-Bon-Secours, située dans le Vieux-Montréal.

3.3 La Commission scolaire Marguerite-Bourgeoys.

3.5 **La Maison Saint-Gabriel, à Montréal.** En 1668, Marguerite Bourgeoys fait construire la Maison Saint-Gabriel à la Pointe-Saint-Charles. Elle y accueille les jeunes Françaises, les filles du Roi, venues en Nouvelle-France pour se marier. De plus, cette maison est un refuge pour les plus démunis.

Questions *de* réflexion

1. Quels sont les domaines dans lesquels Marguerite Bourgeoys a apporté une contribution à la société québécoise ?

   • _____

   • _____

   • _____

2. Le mot « saint » peut avoir plusieurs significations. Que veut-il dire pour vous ?

   _____

   _____

   _____

   _____

3. Nommez des éléments de votre environnement dont le nom comporte le mot « saint ».

   _____

   _____

4. Les traditions religieuses ont joué un rôle important dans le développement des institutions québécoises. Dans votre environnement, quels sont les organismes, les édifices ou les lieux qui comportent un lien avec les traditions religieuses ? Nommez-en au moins un pour chacun des domaines suivants :

   L'éducation : _____

   _____

   _____

   La santé : _____

   _____

   _____

   L'aide aux démunis : _____

   _____

   _____

5. Notez une question que soulève chez vous la lecture des pages 29 et 30.

   _____

   _____

   _____

Dossier 3 · Un précieux héritage

ACTION !

Dans le but de prendre conscience de l'héritage laissé par le catholicisme, le protestantisme et le judaïsme dans certains secteurs de la société d'aujourd'hui :

❑ 1. Lisez les textes des pages 33 et 34. Puis, pour vérifier votre compréhension, faites l'activité *L'éducation au Québec,* aux pages 35 et 36.
- ❑ p. 33, *L'Université Laval à Québec*
- ❑ p. 34, *L'Université McGill à Montréal*

❑ 2. Lisez les textes des pages 37 et 38. Puis, pour vérifier votre compréhension, faites l'activité *Les soins de santé au Québec,* aux pages 39 et 40.
- ❑ p. 37, *Les hôtels-Dieu au Québec*
- ❑ p. 38, *L'Hôpital général juif de Montréal*
- ❑ p. 38, *L'Hôpital général de Montréal*

❑ 3. Lisez les textes des pages 41 et 42. Puis, pour vérifier votre compréhension, faites l'activité *L'aide aux démunis au Québec,* à la page 43.
- ❑ p. 41, *La Société de Saint-Vincent-de-Paul*
- ❑ p. 42, *Les YMCA*
- ❑ p. 42, *L'Armée du Salut*

❑ 4. Afin de préparer des questions à poser lors d'une entrevue avec un ou une spécialiste de l'histoire de votre région, faites l'activité *Notre héritage,* aux pages 44 à 46.

❑ 5. Pour faire le bilan du dossier 3, faites l'activité des pages 47 et 48.

En cours de lecture, surlignez les mots et les dates qui vous semblent importants.

atelier du dialogue

Une entrevue est une rencontre concertée de deux ou de plusieurs personnes pour en interroger une sur ses activités, ses idées, ses expériences, etc.

Voir aussi la Boîte à outils, à la page 208.

Éléments du programme travaillés

Compétence disciplinaire 2 :
Manifester une compréhension du phénomène religieux.
Thème :
Le patrimoine religieux québécois.
Contenu :
Des fondatrices et des fondateurs, des personnages marquants et des institutions. Des influences sur les valeurs et sur les normes. Des œuvres patrimoniales.

Compétence disciplinaire 3 :
Pratiquer le dialogue.
Forme du dialogue :
Entrevue.
Moyen pour élaborer un point de vue :
Synthèse.
Moyen pour interroger un point de vue :
Jugement de valeur.

Domaine général de formation :
Vivre-ensemble et citoyenneté.

Compétences transversales :
1. Exploiter l'information.
3. Exercer son jugement critique.

Vivre ensemble 1

L'Université Laval à Québec

En Nouvelle-France

Les origines de l'Université Laval remontent à 1663, au moment où Mgr de Laval est le premier <u>évêque</u> catholique de la Nouvelle-France. Arrivé de France en 1659, Mgr de Laval se soucie de l'éducation des habitants de la colonie. Il veut y former les futurs prêtres ; il fonde donc le Séminaire de Québec en 1663.

Un siècle plus tard, la population a considérablement augmenté. Ses besoins ne sont plus les mêmes. Il faut former des notaires, des avocats, des médecins, des architectes, etc. À partir de 1759, le Séminaire de Québec forme alors des professionnels.

3.6

François-Xavier de Montmorency-Laval, premier évêque catholique de la Nouvelle-France (1623-1708). À son arrivée en Nouvelle-France, en 1659, son <u>diocèse</u> s'étend de Québec à la Louisiane, en passant par l'Acadie. Mgr de Laval installe un système de division du territoire qu'on appelle « <u>paroisse</u> ». Chaque paroisse doit être dotée d'une église, de son curé et d'une école. L'éducation est une priorité pour le premier évêque de la Nouvelle-France. Il a été <u>béatifié</u> par Jean-Paul II, le 22 juin 1980.

Après la Conquête

Au milieu du 19e siècle, le Séminaire de Québec obtient le mandat de créer un établissement d'enseignement universitaire pour les francophones du Canada. À l'époque, dans les deux Canadas, il existe déjà cinq universités pour les anglophones, mais aucune pour les francophones. Le nom du fondateur du Séminaire de Québec, Mgr de Laval, est donné à cette nouvelle université. En 1854, les premiers étudiants font leur entrée à l'Université Laval.

En 1878, le dirigeant du Séminaire de Québec et de l'Université Laval, l'abbé Louis-Jacques Casault, crée à Montréal une succursale de l'Université Laval. Cet établissement d'enseignement devient autonome en 1920 et devient l'Université de Montréal.

Paroisse :

De nos jours

Aujourd'hui, l'Université Laval et l'Université de Montréal sont parmi les universités francophones les plus importantes dans le monde. À elles deux, ces universités comptent près de 100 000 étudiants.

Pour en savoir plus sur l'Université Laval, à Québec, consultez le Compagnon Web *Vivre ensemble :*
www.erpi.com/vivreensemble.cw

3.7

L'Université Laval aujourd'hui. Au centre, on peut voir le pavillon Louis-Jacques-Casault.

Dossier 3 • Un précieux héritage

L'Université McGill à Montréal

3.8

James McGill, un protestant né à Glasgow, en Écosse, en 1744. Arrivé en Amérique du Nord, il devient un marchand très prospère et l'un des hommes les plus riches de la ville de Montréal. Il travaille à l'organisation d'un système d'éducation.

Au 19ᵉ siècle

À Montréal, la population de langue anglaise augmente considérablement au 19ᵉ siècle. Les marchands anglophones protestants y sont prospères. Ils sont à la tête de l'administration de la ville. Les besoins en formation deviennent urgents.

En 1813, à la mort d'un riche marchand nommé James McGill, une somme importante et un vaste terrain sont légués afin que soit construite une grande école de niveau universitaire. C'est ce qui mène à la création de l'Université McGill. En 1829, l'université accueille ses premiers étudiants dans ce qui était l'ancienne maison de campagne du riche donateur.

Au 20ᵉ siècle

Au fil du temps, de nombreux donateurs ont permis à l'université de se développer et de gagner en prestige. Au 20ᵉ siècle, l'Université McGill devient un établissement d'enseignement public. Elle accueille un nombre grandissant d'étudiants.

De nos jours

Aujourd'hui, l'Université McGill est un lieu de recherche et de formation de renommée mondiale. Chaque année, elle accueille plus de 30 000 étudiants.

Pour en savoir plus sur l'Université McGill, à Montréal, consultez le Compagnon Web *Vivre ensemble:*
www.erpi.com/vivreensemble.cw

3.9

L'Université McGill aujourd'hui.

L'éducation au Québec

pages 29 et 30

L'œuvre de Marguerite Bourgeoys

1. Lorsque Marguerite Bourgeoys quitte la France, que veut-elle faire en Nouvelle-France ?

   _____

   _____

2. Observez les pages 29 et 30 et indiquez les édifices qui ont été construits à la demande de Marguerite Bourgeoys.

   _____

   _____

   _____

3. En quelle année Marguerite Bourgeoys est-elle décédée ?

   _____

L'Université Laval

page 33

4. En quelle année le Séminaire de Québec offre-t-il ses premiers cours de formation professionnelle ?

   _____

5. Expliquez les origines du nom de l'Université Laval.

   _____

   _____

   _____

6. En quelle année l'Université Laval accueille-t-elle ses premiers étudiants ?

   _____

7. Au milieu du 19ᵉ siècle, combien y a-t-il d'universités anglophones et francophones sur notre territoire ?

   _____

8. En quelle année l'Université de Montréal est-elle créée ?

   _____

9. Quel est le lien entre l'Université Laval et l'Université de Montréal ?

   _____

   _____

   _____

   _____

L'Université McGill

page 34

10. Qui a permis la création de l'Université McGill ?

    _____

11. Cette personne a fait des choix qui ont mené à la fondation de l'Université McGill.
    Quels sont ces choix ?

    _____

    _____

    _____

12. Selon vous, quelles étaient les valeurs de James McGill au sujet de l'éducation ?

    _____

    _____

    _____

    _____

13. Formulez un argument comportant un jugement de valeur,
    qui aurait pu être utilisé par James McGill pour justifier
    son choix.

    atelier du dialogue

    _____

    _____

    _____

    _____

    Un jugement de valeur est
    un énoncé dans lequel une
    personne affirme ses valeurs.

    *Voir aussi la Boîte à outils,
    à la page 212.*

14. Au 19ᵉ siècle, qui est à la tête de l'administration de la ville de Montréal ?

    _____

Les hôtels-Dieu au Québec

Le centre hospitalier de votre région s'est peut-être déjà appelé « Hôtel-Dieu ». C'est le cas si vous habitez à Saint-Jérôme, Lévis, Amos ou Sorel. D'où vient ce nom ?

Au 7ᵉ siècle, en France, les premiers hôtels-Dieu sont des endroits qui accueillent les <u>pèlerins</u> catholiques et les voyageurs. Ces endroits sont tenus par des religieux. Peu à peu, les religieux y soignent les vieillards, les malades et les démunis. Ce sont les <u>congrégations religieuses</u> catholiques, comme l'ordre des Augustines hospitalières, qui s'occupent de ces établissements.

Congrégation religieuse :

En Nouvelle-France

Dans la colonie française, en 1644, sur le site actuel de l'Hôtel-Dieu de Québec, le premier hôpital est créé en Amérique, au nord du Mexique. Ce sont trois religieuses venues de France qui fondent l'Hôtel-Dieu de Québec. À l'époque, les religieuses donnent des soins aux colons français et aux Amérindiens. Elles veulent également transmettre leur foi aux Amérindiens qu'elles soignent.

3.10 *L'Hôtel-Dieu de Québec*, peint par Henry Richard S. Bunnett, en 1886.

Au fil du temps

Jusqu'au milieu du 20ᵉ siècle, les congrégations religieuses catholiques, comme les Hospitalières de Saint-Joseph, les Ursulines ou les Sœurs de la Charité, ont fondé des hôpitaux un peu partout sur le territoire du Québec. Ces religieuses ont joué un rôle de premier plan dans les soins aux malades.

De nos jours

Aujourd'hui, c'est le gouvernement québécois qui gère les soins de santé. Toutefois, de nombreuses traces de la présence catholique sont encore perceptibles dans certains établissements de soins de santé.

3.11 L'Hôtel-Dieu de Saint-Jérôme aujourd'hui.

L'Hôpital général juif de Montréal

Autour de 1900

Au début du 20e siècle, un nombre important de nouveaux arrivants de partout dans le monde s'installent à Montréal. Parmi ceux-ci, certaines personnes, originaires de divers pays, ont en commun la religion juive.

Des besoins grandissants

En 1934, la communauté juive de Montréal amasse les fonds nécessaires pour construire l'Hôpital général juif de Montréal. À cette époque, ce nouveau centre hospitalier ne compte que 150 lits. Peu à peu, cet hôpital connaît un développement qui le mène à la fine pointe des connaissances en médecine. En 1975, l'Hôpital général juif de Montréal s'associe à l'Université McGill pour la formation des futurs médecins et des futures infirmières.

3.12 L'Hôpital général juif de Montréal aujourd'hui.

De nos jours

Aujourd'hui, cet hôpital accueille des patients de toutes les croyances, et c'est un chef de file mondial en matière de soins médicaux et de recherche médicale.

L'Hôpital général de Montréal

Au 19e siècle

L'Hôpital général de Montréal est le premier établissement de soins de santé pour la population protestante de la ville. Il est fondé en 1819 par un groupe de médecins et de donateurs. Ce sont donc des <u>laïques</u> membres de la communauté protestante qui financent la construction de l'Hôpital général de Montréal.

En 1823, quatre médecins de l'hôpital créent une école de médecine privée. En 1829, cette école est intégrée à l'Université McGill. Elle devient la première faculté de médecine au Canada. Très vite, cet établissement d'enseignement et de recherche obtient une réputation mondiale.

3.13 L'Hôpital général de Montréal en 1913.

De nos jours

Aujourd'hui, l'Hôpital général de Montréal est rattaché au Centre universitaire de santé McGill.

3.14 L'Hôpital général de Montréal aujourd'hui.

Les soins de santé au Québec

page 37

Les hôtels-Dieu au Québec

1. Expliquez l'origine du mot « hôtel-Dieu ».

   _____

   _____

   _____

   _____

2. a) Dans quelle ville a été construit le premier hôtel-Dieu en Nouvelle-France ?

   _____

   b) En quelle année a-t-il été construit ?

   _____

3. Quelle tradition religieuse peut être associée à cet hôpital ?

   _____

4. Quels sont les buts des trois fondatrices du premier hôtel-Dieu en Nouvelle-France ?

   _____

   _____

   _____

5. Nommez trois congrégations religieuses importantes dans l'histoire des soins de santé au Québec.

   _____

   _____

   _____

6. Repérez une trace de la religion catholique dans la photographie 3.11 de la page 37.

   _____

   _____

L'Hôpital général juif de Montréal

page 38

7. Quelle est l'année de la fondation de l'Hôpital général juif de Montréal ?

_____

8. Quelle tradition religieuse peut être associée à la fondation de cet hôpital ?

_____

9. Qu'est-ce qui a permis la construction de l'Hôpital général juif de Montréal ?

_____

_____

_____

10. Quel est le nom de l'université associée à cet hôpital pour la formation des médecins et des infirmières ?

_____

L'Hôpital général de Montréal

page 38

11. Quelle est l'année de la fondation de l'Hôpital général de Montréal ?

_____

12. Qui est responsable de la fondation de cet hôpital ?

_____

13. Quelle tradition religieuse peut être associée aux fondateurs de cet hôpital ?

_____

14. En 1823, quatre médecins de l'Hôpital général de Montréal créent une école de médecine. Que devient cette école en 1829 ?

_____

_____

_____

_____

La Société de Saint-Vincent-de-Paul

Une organisation laïque catholique

Depuis les débuts de la Nouvelle-France, l'aide aux démunis est en grande partie organisée par des congrégations religieuses catholiques, comme les Sœurs de la Charité et les Sœurs de la Providence. Toutefois, à partir du 19e siècle, des organisations sont créées par des laïques catholiques, comme c'est le cas pour la Société de Saint-Vincent-de-Paul.

Au 19e siècle

La Société de Saint-Vincent-de-Paul est créée en 1833 à Paris par Frédéric Ozanam. En 1848, la première organisation de la Société de Saint-Vincent-de-Paul est implantée au Québec dans la paroisse Saint-Jacques, à Montréal. Les bénévoles de la Société de Saint-Vincent-de-Paul ont pour mission d'apporter soutien, refuge et aide alimentaire aux démunis.

3.15

Frédéric Ozanam, fondateur de la Société de Saint-Vincent-de-Paul (1813-1853). À Paris, Frédéric Ozanam a été professeur de littérature étrangère. Toute sa vie, l'aide aux démunis a été au centre de ses préoccupations. De nos jours, la Société de Saint-Vincent-de-Paul est présente sur les cinq continents.

Au 20e siècle

Au début du 20e siècle, les bénévoles travaillent à la création de refuges, d'orphelinats, de cliniques médicales gratuites, de jardins communautaires sur les terrains vacants et de centres de distribution de vivres et de vêtements. Tout au long du 20e siècle, la Société de Saint-Vincent-de-Paul continue ses activités de soutien aux démunis.

De nos jours

Aujourd'hui, des milliers de bénévoles partout au Québec offrent leur aide aux personnes vivant des situations difficiles. Que ce soit l'aide aux jeunes pour éviter le décrochage scolaire, l'apport de fournitures scolaires aux élèves, l'aide alimentaire, les refuges pour sans-abris, les camps de vacances, les activités de ces bénévoles sont nombreuses et variées. Les bénévoles de la Société de Saint-Vincent-de-Paul croient en la justice, la dignité, l'entraide et au partage. Leur objectif est de venir en aide aux démunis sans égard à leur origine, leur langue ou leurs croyances. Ils offrent également un support à caractère chrétien à ceux qui le souhaitent.

3.16

L'Accueil Bonneau, fondé en 1877. Ce sont des bénévoles de la Société de Saint-Vincent-de-Paul qui ont créé cet établissement montréalais. Les sans-abris y trouvent refuge, nourriture et soutien.

Dossier 3 • Un précieux héritage

Les YMCA

Au 19ᵉ siècle

Le mouvement YMCA (Young Men's Christian Association) est fondé en 1844, à Londres, par un protestant du nom de George Williams, afin de venir en aide aux jeunes travailleurs. À Montréal, le premier YMCA voit le jour en 1851.

De nos jours

Aujourd'hui, les 12 YMCA de Montréal proposent des centres sportifs et des activités d'apprentissage des langues et d'aide communautaire. La mission des YMCA est l'épanouissement du corps, de l'intelligence et de l'esprit, le développement de l'autonomie des personnes, des familles et des collectivités. Cet organisme est présent dans plus de 130 pays.

Des réalisations

- 1854 : la première bibliothèque publique à Montréal.
- 1892 : des camps de vacances pour les démunis.
- 1900 : des cours du soir pour adultes.
- 1960 : des centres d'aide aux toxicomanes.
- 1970 : des garderies.
- 1980 : des centres sportifs.

Du YMCA à l'Université Concordia

Les cours du soir pour adultes offerts par le YMCA dans les années 1900 sont à l'origine de la fondation de la Sir George Williams University, qui devient plus tard l'Université Concordia, à Montréal.

L'Armée du Salut

Au 19ᵉ siècle

L'Armée du Salut est un mouvement religieux protestant présent dans plus d'une centaine de pays. Ce mouvement voit le jour dans les quartiers pauvres de Londres en 1865. Il repose sur une hiérarchie, une discipline et des règlements qui ressemblent à ceux des organisations militaires. Son fondateur, William Booth, se demandait : « À quoi bon prêcher le salut aux affamés ? » Au Canada, l'Armée du Salut s'installe à partir de 1882. Un volet important de l'action de l'Armée du Salut est l'aide à tous les démunis, sans tenir compte de leurs croyances, de leur origine, de leur sexe ni de leur âge.

De nos jours

L'Armée du Salut a mis en place un réseau de magasins d'articles d'occasion. Au Canada, elle compte plus de 150 établissements d'aide aux démunis et de services d'aide à la famille, gérés par des employés. Des milliers de bénévoles en assurent le fonctionnement.

3.17 Les membres de l'Armée du Salut portent un uniforme qui ressemble à l'uniforme militaire.

L'aide aux démunis au Québec

page 41

La Société de Saint-Vincent-de-Paul

1. Quelle est l'année de la création de la Société de Saint-Vincent-de-Paul en France ?

   _____

2. Qui est le fondateur de la Société de Saint-Vincent-de-Paul ?

   _____

3. Quelle est l'année de l'implantation de la Société de Saint-Vincent-de-Paul au Québec ?

   _____

4 Quelle est la mission de la Société de Saint-Vincent-de-Paul à cette époque ?

   _____

   _____

   _____

5. Selon vous, la mission de la Société de Saint-Vincent-de-Paul est-elle la même de nos jours ? Expliquez votre réponse.

   _____

   _____

   _____

Les YMCA

page 42

6. Quelle est l'année de la création des YMCA en Angleterre ?

   _____

7. Qui est le fondateur des YMCA ?

   _____

8. Quel est le lien entre le nom du fondateur des YMCA et l'Université Concordia ?

   _____

   _____

   _____

Dossier 3 • Un précieux héritage

Notre héritage

pages 33 à 42

→ Au besoin, consultez la Boîte à outils, à la page 210.

1. Pour faire la (synthèse) de l'héritage laissé par certaines traditions religieuses au Québec, complétez la liste ci-dessous.

a) Indiquez l'année où a eu lieu chacun des événements.

b) Indiquez par une lettre la tradition religieuse à laquelle chaque événement peut être rattaché.

C : catholicisme   P : protestantisme   J : judaïsme

Exemple :

_1644_ Trois religieuses françaises de la congrégation des Augustines fondent l'Hôtel-Dieu de Québec. . . . . | C |

1. _____ Marguerite Bourgeoys fait construire la chapelle Notre-Dame-de-Bon-Secours à Montréal. . . . . □

2. _____ Marguerite Bourgeoys fonde la première école de la Nouvelle-France. . . . □

3. _____ Mgr de Laval fonde le Séminaire de Québec. . . . . □

4. _____ Marguerite Bourgeoys fait construire la Maison Saint-Gabriel. . . . . □

5. _____ Le Séminaire de Québec offre des formations professionnelles. . . . . □

6. _____ L'Hôpital général de Montréal est construit. . . . . □

7. _____ Quatre médecins de l'Hôpital général de Montréal créent une école qui deviendra la Faculté de médecine de l'Université McGill. . . . . □

8. _____ L'héritage laissé par James McGill permet l'ouverture de l'Université McGill. . □

9. _____ La première organisation de la Société de Saint-Vincent-de-Paul est créée au Québec. . . . . □

10. _____ Le premier YMCA voit le jour au Québec. . . . . □

11. _____ L'Université Laval ouvre ses portes à Québec. . . . . □

12. _____ Le dirigeant du Séminaire de Québec et de l'Université Laval ouvre une succursale à Montréal. . . . . □

13. _____ L'Armée du Salut s'installe au Québec. □

14. _____ Des cours du soir aux adultes au YMCA sont à l'origine de la Sir George Williams University, qui deviendra l'Université Concordia. . . . . □

15. _____ La succursale de l'Université Laval à Montréal devient l'Université de Montréal. □

16. _____ La communauté juive construit l'Hôpital général juif de Montréal. . . . . . □

2. Placez les événements de la liste de la page 44 sur la ligne du temps suivante.

17ᵉ siècle

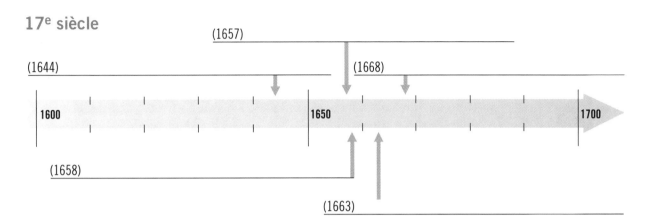

18ᵉ siècle

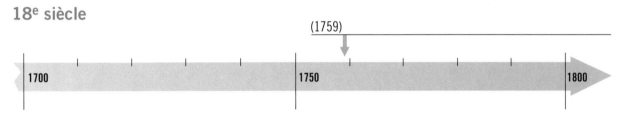

19ᵉ siècle

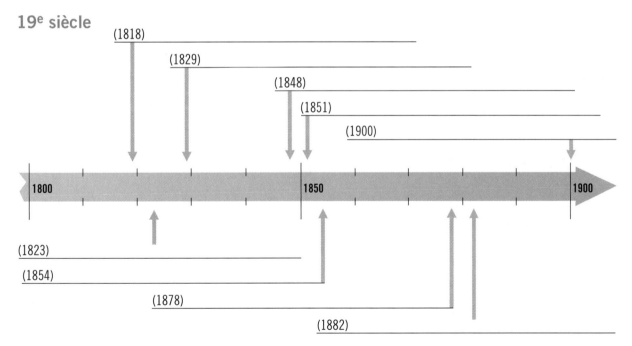

20ᵉ siècle

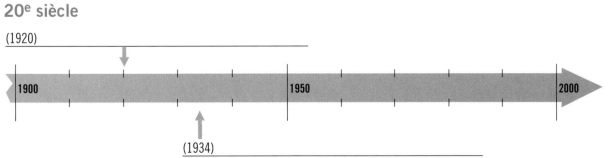

Dossier 3 · Un précieux héritage

3. Observez les photos des pages 33 à 42 et lisez les textes des sections intitulées
« De nos jours ». Remplissez le tableau suivant.

L'héritage laissé par les traditions religieuses		
L'éducation		
Catholicisme	Protestantisme	Judaïsme
Les soins de santé		
Catholicisme	Protestantisme	Judaïsme
L'aide aux démunis		
Catholicisme	Protestantisme	Judaïsme

4. Si vous aviez à faire une entrevue avec un ou une spécialiste de l'histoire de votre région,
quelles questions aimeriez-vous lui poser ? Formulez au moins quatre questions.

_____

_____

_____

_____

_____

_____

Bilan du dossier 3

Dans ce dossier vous avez pu constater que le catholicisme, le protestantisme et le judaïsme ont contribué à la société québécoise dans les domaines de l'éducation, de la santé et de l'aide aux démunis. Cette contribution a pu être observée dans de nombreuses <u>expressions du religieux</u>, comme la croix du mont Royal, le nom de certains hôpitaux, des lieux de culte ; elle se voit aussi dans différents <u>repères</u> de l'environnement social, comme les organismes qui viennent en aide aux démunis, des centres hospitaliers, des institutions d'enseignement. Vous avez aussi constaté les <u>valeurs</u> de certains personnages importants : l'engagement social, le partage, la formation, l'entraide.

1. a) Nommez une personne catholique importante dans l'histoire du Québec.

   _____

   b) Dans quels domaines cette personne a-t-elle œuvré ?
   - ❏ l'éducation
   - ❏ la santé
   - ❏ l'aide aux démunis

2. a) Nommez une personne protestante importante dans l'histoire du Québec.

   _____

   b) Dans quels domaines cette personne a-t-elle œuvré ?
   - ❏ l'éducation
   - ❏ la santé
   - ❏ l'aide aux démunis

3. a) Nommez un groupe de personnes juives important dans l'histoire du Québec.

   _____

   b) Dans quels domaines ce groupe de personnes a-t-il œuvré ?
   - ❏ l'éducation
   - ❏ la santé
   - ❏ l'aide aux démunis

4. Ce dossier vous a fait prendre conscience de l'héritage laissé par les traditions religieuses au Québec. Quelles conclusions pouvez-vous tirer de l'importance de la présence des différentes traditions religieuses dans la société québécoise ?

   _____

   _____

   _____

Dossier 3 · Un précieux héritage

5. Nommez un élément de votre environnement qui fait partie de l'héritage laissé par les traditions religieuses au Québec.

_____

_____

_____

6. Faites le tour des éléments que vous avez surlignés dans les textes. Le fait de surligner ces passages et ces dates vous a-t-il été utile pour faire l'activité synthèse « Notre héritage » ? Expliquez votre réponse.

_____

_____

_____

7. a) Avez-vous trouvé une réponse à la question que vous vous posiez avant de lire le dossier (question n° 5, à la page 31) ?

_____

b) S'il vous manque des informations pour répondre à cette question, que pouvez-vous faire pour les trouver ?
   ❏ Faire une recherche dans Internet.
   ❏ Faire une recherche à la bibliothèque.
   ❏ Poser des questions à une personne de mon entourage.
   ❏ Autre solution (précisez) : _____

8. Ce que vous avez vu dans ce dossier a-t-il modifié votre regard sur les traditions religieuses et l'héritage qu'elles laissent dans le monde actuel ? Expliquez votre réponse.

_____

_____

_____

3.18

3.19

3.20

Les personnes vivant au Québec bénéficient du précieux héritage laissé par les traditions religieuses.

Les secrets des récits

Préparation

Morgane, Abdul-Rahman et Myriam sont des jeunes Québécois, tous élèves du secondaire. Ils vivent des réalités religieuses très différentes. Dans sa pratique religieuse, chacun de ces jeunes respecte des règles, participe à des rites et à des cérémonies, et lit des textes sacrés. Ils ont tous des amis de diverses traditions religieuses et des amis non-croyants.

 ## Portrait de **Morgane**

Morgane a 15 ans. Elle est catholique et elle a été baptisée quand elle était bébé.

Morgane se rend fréquemment à l'église. Elle assiste à la messe du dimanche, aux cérémonies de baptême et de mariage et aux funérailles. Quand elle va à l'église, elle écoute les paroles du prêtre. Morgane prie souvent. Elle formule ses prières comme si elle s'adressait à un ami.

Parfois, elle lit des passages du Nouveau Testament, la partie de la Bible qui est consacrée à Jésus et à son enseignement. La Bible est le livre sacré des chrétiens. Le christianisme regroupe plusieurs traditions religieuses, comme le catholicisme, l'anglicanisme, le protestantisme et l'orthodoxie.

Portrait d'Abdul-Rahman

Abdul-Rahman est musulman. Il a 13 ans. Chaque vendredi, il se rend à la mosquée, où il écoute les paroles de l'imam et où il prie. Dans sa vie, la prière est essentielle. Abdul-Rahman prie cinq fois par jour. Pour lui, la prière est comme une conseillère.

Le nom d'Abdul-Rahman signifie « serviteur de Dieu » en arabe. Sa connaissance de l'arabe permet à Abdul-Rahman d'étudier et de mémoriser le Coran, le livre sacré des musulmans.

Portrait de Myriam

Myriam est juive. Elle a presque 12 ans. Tous les samedis, le jour du *shabbat*, Myriam va à la synagogue. Elle y prie, elle y chante et elle y écoute les paroles du rabbin.

À 12 ans, elle ira à la synagogue pour la cérémonie appelée « bat-misvah ». C'est un rite qui souligne l'entrée officielle des filles dans la communauté religieuse juive. Myriam dit que c'est une étape très importante dans sa vie. Après la cérémonie, ce sera la fête chez elle avec sa famille et ses amis.

Myriam a appris l'hébreu, ce qui lui permet de lire les livres sacrés du judaïsme : la Torah et le Talmud. Le prénom « Myriam » a été choisi pour elle en souvenir de la sœur de Moïse, un personnage très important pour le judaïsme.

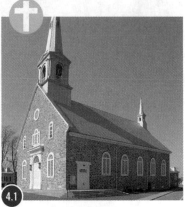

4.1 L'église catholique Saint-Charles, située à Saint-Charles-de-Bellechasse et construite en 1827.

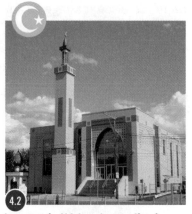

4.2 La mosquée Al Islam, la première à Montréal, aménagée dans un entrepôt en 1965 et agrandie en 2003.

4.3 La synagogue Young Israel de Montréal, construite en 1950.

Questions de réflexion

1. Où avez-vous vu les symboles religieux présentés aux pages 49 et 50 ?

   _____

   _____

   _____

   _____

2. Quels sont les livres sacrés mentionnés dans les pages 49 et 50 ?

   _____

   _____

3. Selon le texte des pages 49 et 50, quelles activités ont lieu :

   • dans une église ? _____

   _____

   • dans une synagogue ? _____

   _____

   • dans une mosquée ? _____

   _____

4. Que savez-vous sur les règles ou les obligations pour les croyants :

   • catholiques ? _____

   _____

   • musulmans ? _____

   _____

   • juifs ? _____

   _____

5. Notez une question que soulève chez vous la lecture des pages 49 et 50.

   _____

   _____

   _____

   _____

ACTION !

Dans le but d'explorer des traditions religieuses présentes au Québec et afin de comprendre le lien entre des récits, des rites et des règles :

❏ 1. Lisez les textes des pages 53 à 62.
- ❏ p. 53, *Le christianisme et la communion*
- ❏ p. 54, *Le judaïsme et le* Seder
- ❏ p. 56, *Le sikhisme et le* khalsa
- ❏ p. 58, *L'islam et la prière dans le Coran*
- ❏ p. 60, *L'hindouisme et la* puja
- ❏ p. 61, *Le bouddhisme et la noble voie octuple*

❏ 2. Faites l'activité *Des rites et des règles révélés dans les récits,* aux pages 63 et 64.

❏ 3. Pour découvrir vous-même le lien entre un récit et un rite, ou entre un récit et des règles, faites l'activité *Un rite à découvrir*, à la page 65. Au cours d'une conversation avec un ou une camarade, présentez vos découvertes.

❏ 4. Pour faire le bilan du dossier 4, faites l'activité des pages 67 et 68.

> Dans les textes, surlignez les mots qui vous semblent importants au sujet des récits, des rites et des règles.

atelier du dialogue

Une conversation est un échange entre deux ou plusieurs personnes dans le but de partager des idées ou des expériences.

Voir aussi la Boîte à outils, à la page 207.

Éléments du programme travaillés

Compétence disciplinaire 2 :
Manifester une compréhension du phénomène religieux.

Thème :
Des éléments fondamentaux des traditions religieuses.

Contenu :
Des récits, des rites, des règles.

Compétence disciplinaire 3 :
Pratiquer le dialogue.

Forme du dialogue :
Conversation.

Moyen pour élaborer un point de vue :
Description.

Moyen pour interroger un point de vue :
Procédés susceptibles d'entraver le dialogue.

Domaine général de formation :
Vivre-ensemble et citoyenneté.

Compétences transversales :
1. Exploiter l'information.
9. Communiquer de façon appropriée.

Le christianisme et la communion

Pour en savoir plus sur le christianisme, consultez le compagnon Web *Vivre ensemble* : **www.erpi.com/vivreensemble.cw**

› Consultez aussi la Boîte à outils, aux pages 176 à 185.

Un rite chrétien

Les chrétiens prennent part à un rite très important pour eux : la communion. Il s'agit d'un rite commun à toutes les confessions chrétiennes, qui tire ses origines du tout début du christianisme.

Dans le Nouveau Testament, on peut lire des récits qui expliquent l'origine de l'eucharistie. Ces récits nous apprennent que la première communion eut lieu lors de la Cène, le dernier repas auquel participa Jésus avec ses disciples, les apôtres.

Eucharistie :

Le dernier repas

Jésus, qui était juif, célébrait la Pâque juive, ou *Pessah*. Lors du repas de Pâque, Jésus dit à ses apôtres : « "J'ai tellement désiré manger cette Pâque avec vous avant de souffrir. Car, je vous le déclare, jamais plus je ne la mangerai jusqu'à ce qu'elle soit accomplie dans le Royaume de Dieu." Il prit alors une coupe et, après avoir rendu grâce, il dit : "Prenez-la et partagez entre vous. Car, je vous le déclare : Je ne boirai plus désormais du fruit de la vigne jusqu'à ce que vienne le Règne de Dieu." Puis il prit du pain et, après avoir rendu grâce, il le rompit et le leur donna en

4.4

La Cène de **Cosimo Rosselli**, 15ᵉ siècle, chapelle Sixtine du Vatican.

Dossier 4 • Les secrets des récits

disant : "Ceci est mon corps donné pour vous. Faites cela en mémoire de moi." » (Luc 22,15-19). Jésus savait qu'il allait mourir. Il demanda à ses disciples de se souvenir de lui avec le rituel du pain et du vin.

On dit de la Cène que c'est l'événement fondateur du christianisme. Jésus annonce sa mort en affirmant qu'il ne boira plus de vin et qu'il ne mangera plus de pain. En buvant le vin, en mangeant le pain, les apôtres s'unissent à Jésus.

La communion de nos jours

Aujourd'hui encore, le rite de la communion unit les chrétiens au Christ. Ce geste est posé en mémoire de la mort et du sacrifice de Jésus. Au moment de la messe ou de l'office, le prêtre ou le pasteur prononce la bénédiction du pain et du vin. Puis il communie en mangeant l'hostie et en buvant le vin qui symbolisent le corps et le sang du Christ. Ensuite, il distribue les hosties aux fidèles. Communier, c'est participer à l'eucharistie, un des sacrements du christianisme.

4.5

Des prêtres donnent la communion aux croyants catholiques.

Le judaïsme et le *Seder*

Un rite qui se perpétue

En mars ou en avril, les juifs célèbrent la Pâque juive, ou *Pessah* en hébreu. C'est un moment très important dans l'année pour les croyants. Par un repas appelé *Seder*, cette fête commémore la sortie des Hébreux d'Égypte et la fin de l'esclavage, il y a plus de 3500 ans. On trouve ce récit dans le livre biblique appelé « Exode » ou *Shemoth* en hébreu. L'Exode d'Égypte marque la naissance du peuple juif.

L'Exode des Hébreux

Dans l'*Exode*, on peut lire que le peuple hébreu fut tenu en esclavage par le pharaon. Moïse obtint l'aide de Dieu, qui lui promit de libérer son peuple. Devant les multiples refus du pharaon quant à la libération des Hébreux, Dieu fit s'abattre sur l'Égypte dix malheurs connus sous le nom des « dix plaies d'Égypte ».

Pour en savoir plus sur le judaïsme, consultez le compagnon Web *Vivre ensemble* :

www.erpi.com/vivreensemble.cw

Consultez aussi la Boîte à outils, aux pages 186 à 189.

Seder :

Conduit par Moïse, les Hébreux s'enfuirent d'Égypte après un long séjour marqué par l'esclavage, la souffrance et l'humiliation. Alors que le pharaon et son armée les poursuivaient, ils traversèrent la mer Rouge à pied. Lorsque Moïse leva son bras, les eaux de la mer se séparèrent. Ce miracle permit à Moïse et à son peuple de quitter l'Égypte. À partir de ce moment, les Hébreux devinrent définitivement libérés des Égyptiens.

Les dix plaies d'Égypte

1. L'eau du Nil est changée en sang.
2. Une invasion de grenouilles.
3. Une invasion de puces.
4. Une invasion de mouches piquantes.
5. La peste dans les troupeaux.
6. Une maladie provoquant des plaies sur la peau des êtres humains et des animaux.
7. Une pluie de grêle.
8. Une invasion de sauterelles.
9. Une nuit noire pendant trois jours.
10. La mort de tous les premiers-nés dans les familles égyptiennes.

4.6

Une famille lit des textes sacrés pendant le *Seder*.

Pour les juifs d'aujourd'hui

Aujourd'hui, la fête de la *Pessah* dure sept ou huit jours. Le *Seder* est un repas spécial qui est célébré les deux premiers soirs. Il est constitué d'une succession d'étapes mêlant bénédictions, alimentation, récits et chants.

Au moment du *Seder*, les juifs chantent des hymnes, lisent des textes de la Torah et se nourrissent d'aliments qui rappellent l'Exode des Hébreux. Par exemple, un os d'agneau grillé rappelle la première *Pessah* où Dieu demanda le sacrifice d'un agneau. Des herbes amères rappellent l'amertume de l'esclavage. Le pain sans levain est le symbole du départ précipité des Hébreux.

4.7

Ces aliments sont servis pendant le *Seder*. Il y a du persil, un œuf, un os d'agneau, de la laitue.

Dossier 4 • Les secrets des récits

Le sikhisme et le *khalsa*

Pour en savoir plus sur le sikhisme, consultez le compagnon Web *Vivre ensemble*:

www.erpi.com/vivreensemble.cw

Le dernier guru

Le guru Govind Singh (1666-1708) est le 10ᵉ et dernier guru du sikhisme. Il établit qu'après sa mort nul ne deviendrait guru et que le recueil de textes sacrés, appelé «Adi Granth», ferait office de guru pour les sikhs. Govind Singh est le fondateur d'une communauté de croyants, nommée «*khalsa*». À l'origine, cette communauté devait venir à la défense du sikhisme et de ses valeurs.

Guru:

La naissance d'une communauté de croyants

Un jour, à Anandpur, dans la région du nord de l'Inde appelée «Panjab», le guru Govind Singh rassembla cinq mille sikhs pour célébrer la fête des moissons. Il leur dit qu'il lui fallait cinq disciples à offrir à Dieu en sacrifice. Puis il demanda qui serait prêt à sacrifier sa vie en signe de loyauté. Lorsqu'une personne se présenta, le guru la conduisit sous une tente dans laquelle cinq chèvres avaient été secrètement attachées. Il abattit l'une d'entre elles et, lorsqu'il ressortit de la tente, le sabre qu'il avait en main était couvert de sang. Le guru répéta son manège à quatre reprises. La foule était terrorisée. Le guru souleva un pan de la tente et les gens dans la foule virent les cinq personnes debout et bien vivantes. Ces volontaires devinrent les cinq premiers initiés, que les sikhs appellent les «cinq bien-aimés». Le guru déclara que seuls des sikhs aussi courageux feraient partie du *khalsa*. Il leur offrit de boire de l'ambroisie (de l'eau sucrée) brassée avec son sabre. Il les en aspergea et il demanda aux cinq bien-aimés de l'initier à son tour.

4.8 Le 13 avril 1999, à Anandpur, au Panjab, pendant la célébration du 300ᵉ anniversaire de la fondation du *khalsa*.

Dans la vie des sikhs

Tous les sikhs ne sont pas membres du *khalsa* et ils ne portent pas tous les cinq signes extérieurs. Les hommes et les femmes sikhs qui le désirent peuvent devenir membres du *khalsa*. Pour prendre part à la cérémonie de l'initiation, les croyants doivent d'abord être acceptés par les autres membres du *khalsa* de leur région. Ce rite comporte des chants, des prières, et les futurs initiés doivent boire de l'ambroisie et en être aspergés. Au moins cinq initiés doivent être présents pendant la cérémonie. Les membres du *khalsa* doivent s'abstenir de boire de l'alcool, de fumer, de prendre des drogues, et ils doivent promettre de défendre leur foi et de servir les autres. Ils doivent porter les cinq signes de leur foi et consacrer davantage de temps à la prière.

Les cinq signes extérieurs du *khalsa* ou les cinq « k »

- *Kesha*: les cheveux sous un turban et la barbe longue.
- *Kangha*: un peigne porté dans les cheveux.
- *Kara*: un bracelet de métal.
- *Kirpan*: une dague.
- *Kaccha*: un sous-vêtement court.

4.9

Ces membres du *khalsa* symbolisent les cinq bien-aimés pendant une cérémonie d'initiation au *khalsa*.

4.10

Le Temple d'or à Amritsar, au Panjab. Ce temple abrite la version originale de l'Adi Granth, le livre sacré des sikhs.

Dossier 4 • Les secrets des récits

L'islam et la prière dans le Coran

Une règle pour les musulmans

Pour les musulmans, la prière est le deuxième des cinq piliers de l'islam. Elle fait donc partie des devoirs de tout musulman. Pour savoir comment il faut prier, les musulmans consultent le Coran, le livre sacré de l'islam.

Un récit qui révèle un rite et des règles

On dit du Coran qu'il est le fondement de l'islam. Avant d'être rassemblé en un livre, le Coran a d'abord été une série de révélations venant d'Allah et transmises oralement par Muhammad, fondateur de l'islam, pendant plus de 20 ans.

Muhammad avait l'habitude de se retirer pour prier dans une caverne, sur une colline. Un jour, en l'an 610 de notre ère, l'ange Gabriel lui apparut. Ce dernier lui transmit l'ordre d'Allah : « Récite ! » Ce qu'il devait réciter, c'était les révélations venant d'Allah et transmises par Gabriel. À titre de messager d'Allah, Muhammad devait ensuite réciter fidèlement aux croyants le message qu'il avait entendu pour qu'ils le récitent à leur tour et s'y conforment. D'ailleurs, le mot « Coran » (en arabe : *Qur'an*), signifie « récitation ».

Pour en savoir plus sur l'islam, consultez le compagnon Web *Vivre ensemble* :

www.erpi.com/vivreensemble.cw

Consultez aussi la Boîte à outils, aux pages 190 à 193.

Les cinq piliers de l'islam

- La profession de foi
- La prière cinq fois par jour
- L'aumône pour les pauvres
- Le jeûne pendant le mois du ramadan
- Le pèlerinage à La Mecque

Révélation :

4.11

Un enfant et son exemplaire du Coran. Les enfants musulmans de tous les pays apprennent à mémoriser le Coran en le récitant à haute voix.

Par l'intermédiaire de l'ange Gabriel, Allah précisa à Muhammad les règles auxquelles les croyants doivent se plier. Parmi ces règles, il y a celles concernant le rite de la prière. Voici quelques extraits du Coran où il est question des prières qu'on appelle « *salats* » dans le livre sacré.

« Invoquez votre Seigneur en toute humilité. » (7 : 55)

« Soyez assidus aux *salats*. » (2 : 238)

« Tourne donc ton visage vers la Mosquée sacrée [La Mecque]. Où que vous soyez, tournez-y vos visages. » (2 : 144)

« Aussi rendez gloire à Dieu lorsque vient le soir et lorsque vous vous levez le matin. Oui, louez-le, au ciel et sur la terre, et dans l'après-midi et lorsque le jour commence à décliner. » (30 : 17-18)

« Louez votre Seigneur avant le lever du soleil et avant son coucher. Oui, célébrez-le une partie de la nuit et aux côtés du jour, afin que vous puissiez ressentir la joie spirituelle. » (20 : 130)

Dans la vie des musulmans

De nos jours, les musulmans font leurs prières en conformité avec les indications du Coran et de la Tradition (paroles et gestes du Prophète Muhammad).

(4.12)

Un musulman fait les gestes rituels de la prière sur un tapis de prière. Dans l'islam, la prière comporte des règles bien définies. Chaque geste a sa signification.

Dossier 4 • Les secrets des récits

L'hindouisme et la *puja*

Un rite en l'honneur des dieux

De façon régulière, les hindous participent à des cérémonies religieuses publiques ou privées appelées « *puja* ». Au cours de ces cérémonies, les croyants font des offrandes, chantent des hymnes et récitent des prières devant la représentation d'un dieu : une photo, une affiche, une sculpture. La *puja* est un rite qui vise à obtenir l'aide d'un dieu. De nombreux hindous font des offrandes à Ganesha, un des dieux les plus vénérés de l'hindouisme. On dit de ce dieu qu'il lève les obstacles, qu'il apporte le succès, une vie aisée, la paix et la sagesse, et qu'il protège les foyers.

La naissance de Ganesha

Ganesha est le fils du dieu Shiva et de la déesse Parvati. Un jour, Shiva étant absent, sa femme Parvati créa un fils : Ganesha. Elle demanda à son fils de la protéger pendant qu'elle prenait son bain. Lorsque Shiva revint, il trouva un bel inconnu devant la porte des appartements de Parvati. Cet inconnu lui interdisait l'accès aux appartements de son épouse. Furieux, Shiva lui coupa la tête. Lorsqu'elle constata la tragédie, la déesse obligea son mari à ramener son fils à la vie. Shiva remplaça la tête introuvable de Ganesha par celle d'un éléphant. Ganesha, le protecteur du foyer, fut donc muni d'une tête d'éléphant, un animal très fort et très intelligent.

Dans la vie des hindous

Pour les hindous, c'est la force de l'éléphant qui permet au dieu Ganesha de les aider à écarter les obstacles qui les empêchent de réaliser leurs projets. C'est l'intelligence de l'animal qui fait en sorte que Ganesha est considéré comme le dieu de la sagesse et du savoir.

Pour en savoir plus sur l'hindouisme et le bouddhisme, consultez le compagnon Web *Vivre ensemble* :
www.erpi.com/vivreensemble.cw

➤ Consultez aussi la Boîte à outils, aux pages 194 à 201.

Offrande :

4.13

Un autel privé érigé en l'honneur de dieux hindous. Ce couple se recueille pour prier durant la *puja*.

En Inde, chaque année, pendant 10 jours, on célèbre le dieu Ganesha lors d'une fête appelée « *Ganesha Chaturthi* ». Cette fête se termine par l'immersion des statues du dieu dans l'eau de la rivière ou de la mer. Partout dans le monde, un grand nombre d'hindous participent à des rites en l'honneur de Ganesha.

4.14

La fête en l'honneur de Ganesha, en Inde. Chaque année, pendant la fête, des hindous transportent des représentations du dieu vers la rivière ou la mer, où elles seront abandonnées après avoir été immergées.

Le bouddhisme et la noble voie octuple

Un récit et ses vérités

L'enseignement du Bouddha repose sur les quatre nobles vérités. Il les formula après avoir atteint l'illumination ou l'éveil, c'est-à-dire le plus haut degré de sagesse et de compréhension, selon les bouddhistes. Le récit de cette expérience est transmis de génération en génération.

Comment Siddhartha devint le Bouddha

Le Bouddha vécut en Inde autour du 5e siècle avant notre ère. Il naquit au pied de l'Himalaya, au sein d'une famille issue d'une classe gouvernante. Selon les récits bouddhistes, à sa naissance, il portait le nom de Siddhartha Gautama. Après avoir vécu dans le luxe et la richesse, il renonça à la vie de prince et partit à la recherche de réponses à des questions sur la souffrance, le vieillissement, la maladie et la mort. Il étudia auprès de divers maîtres. Il devint ascète, c'est-à-dire qu'il fit partie des êtres qui renoncent aux plaisirs du monde et qui s'imposent un grand nombre de privations. Un jour, en Inde, près de la ville actuelle de Bodh Gaya, sous un arbre, le jeune homme médita et atteignit l'illumination. Il trouva les réponses aux questions qu'il se posait. Le reste de sa vie fut consacré à enseigner aux êtres humains comment trouver les mêmes réponses et atteindre l'illumination. Son enseignement repose sur les quatre nobles vérités.

Les quatre nobles vérités

1. La noble vérité de la souffrance : la naissance, la maladie, le vieillissement, la mort.
2. La noble vérité de l'origine de la souffrance : la souffrance est causée par les désirs des sens.
3. La noble vérité de l'extinction de la souffrance : l'illumination est possible.
4. La noble vérité de la voie octuple : le chemin qui mène à l'arrêt de la souffrance est la noble voie octuple.

Dossier 4 • Les secrets des récits

Selon l'enseignement du Bouddha, la personne qui pratique la noble voie octuple développe sa sagesse, sa moralité et sa discipline mentale afin de réaliser l'illumination ou l'éveil. Le Bouddha a enseigné une voie de pratiques qui contient d'importantes règles morales. Parmi celles-ci, il y a :

- La parole juste (éviter de dire toute parole mauvaise, pratiquer le noble silence).

- L'action juste (ne pas tuer, ne pas prendre ce qui n'est pas donné, éviter tout mauvais comportement).

- Le travail juste (gagner sa vie en évitant de causer de la souffrance à autrui).

Dans la vie des bouddhistes

Aujourd'hui, comme dans le passé, il y a diverses manières de pratiquer le bouddhisme. Certaines personnes se marient, ont des enfants et un travail. Elles observent généralement les enseignements du Bouddha. D'autres deviennent moines ou moniales en consacrant tout leur temps à la pratique et à l'étude du bouddhisme.

4.15

Le Bouddha alors qu'il était ascète.
Pendant sa démarche spirituelle, Siddhartha Gautama s'est imposé de nombreuses privations.

4.16

À Bodh Gaya, en Inde, des moines bouddhistes sont rassemblés sous l'arbre de *bodhi*, aussi appelé « arbre de l'illumination ». Selon les bouddhistes, ce serait sous cet arbre qu'eut lieu l'illumination du Bouddha.

Des rites et des règles
révélés dans les récits

pages 53 à 62

1. Pour chacune des six traditions religieuses décrites dans les pages 53 à 62, faites une brève (description) du rite ou de la règle. Ensuite, indiquez les éléments de chaque récit qui sont à l'origine de ce rite ou de cette règle.

> Consultez la Boîte à outils, à la page 209.

	Les éléments du récit à l'origine du rite ou de la règle
Le christianisme	
Le rite de la communion *Description :*	
Le judaïsme	
Le rite du *Seder* au moment de la *Pessah* *Description :*	
Le sikhisme	
Le rite de l'initiation au *khalsa* *Description :*	

Dossier 4 · Les secrets des récits

Les éléments du récit à l'origine du rite ou de la règle

L'islam

Les règles de la prière

Description :

_____

_____

_____

L'hindouisme

Le rite de la *puja* en l'honneur du dieu Ganesha

Description :

_____

_____

_____

Le bouddhisme

Les règles dans l'enseignement du Bouddha

Description :

_____

_____

_____

2. Quelle conclusion pouvez-vous tirer du lien entre le récit, les rites et les règles dans les traditions religieuses ?

_____

_____

_____

_____

Un rite à découvrir

Les textes ci-dessous présentent des récits, des rites et des règles issus de deux traditions religieuses : le judaïsme et le catholicisme. Lisez ces textes et choisissez le rite que vous préférez dans le but de le présenter à un ou à une camarade.

Le rite du Grand Pardon, ou Yom Kippour, dans le judaïsme

On peut lire dans la Torah, un récit qui donne des indications aux juifs au sujet du jour du Grand Pardon, aussi appelé « Yom Kippour ».

« L'Éternel parla à Moïse en ces termes : "Mais au dixième jour de ce septième mois, qui est le jour des expiations, il y aura pour vous convocation sainte : vous mortifierez vos personnes, vous offrirez un sacrifice à l'Éternel, et vous ne ferez aucun travail en ce même jour ; car c'est un jour d'expiation, destiné à vous réhabiliter devant l'Éternel votre Dieu. [...] » (Lévitique 23, 26-28).

Le jour du Grand Pardon, ou Yom Kippour, a lieu chaque année. Pour les juifs, cette journée se déroule sans aucune activité, dans le jeûne et la prière, dans le but d'expier leurs fautes et de se réconcilier avec Dieu. Ce jeûne symbolise la pénitence. À la synagogue, les croyants confessent leurs péchés et demandent pardon à Dieu et aux personnes qu'ils ont pu offenser pendant l'année écoulée.

Le baptême catholique

Dans le Nouveau Testament, cette partie de la Bible qui porte sur la vie de Jésus, se trouve un récit sur le baptême de Jésus. En voici un résumé : Un jour, Jésus demanda à Jean le Baptiste de le baptiser. Jean versa de l'eau sur la tête de Jésus. Dès que Jésus fut baptisé, les cieux s'ouvrirent et il vit l'Esprit de Dieu descendre comme une colombe et venir sur lui. (Matthieu 3, 16)

Dans la tradition de l'Église catholique romaine, le baptême est administré aux bébés. Le prêtre verse de l'eau sur le front de l'enfant. Le baptême permet à l'enfant de recevoir la grâce divine et de vivre, à partir de ce jour, comme un enfant de Dieu.

Remplissez la fiche descriptive ci-dessous. Puis, au cours d'une conversation avec un ou une camarade, présentez tour à tour le rite que vous avez choisi en donnant les raisons de ce choix. Finalement, répondez aux questions sous la fiche.

Fiche descriptive

Récit et rite

Rite choisi : _____

Deux raisons qui ont motivé votre choix :

_____

_____

Tradition religieuse dans laquelle on trouve ce rite : _____

Description du rite : _____

Un élément présent dans le rite et dans le récit qui se pratique aujourd'hui :

_____

Signification du rite pour les croyants : _____

_____

> Consultez la Boîte à outils, à la page 209.

atelier du dialogue

1. Quel est le nom de la personne à qui vous avez présenté le rite choisi ? _____

2. Quel est le rite que cette personne a présenté ? _____

3. Quelles sont les deux raisons qui ont motivé son choix ?

_____

_____

4. Parmi les raisons invoquées pour justifier son choix, est-ce que votre camarade a utilisé :

un appel à la popularité ? _____

un argument d'autorité ? _____

un appel au préjugé ? _____

5. Si oui, comment avez-vous réagi ? _____

> Au besoin, consultez la Boîte à outils, aux pages 213 et 214.

Bilan du dossier 4

Dans ce dossier, vous avez exploré des traditions religieuses présentes au Québec. Vous avez constaté les liens qui existent entre les éléments fondamentaux que sont les récits, les rites et les règles dans les traditions religieuses. Vous avez pu observer des <u>expressions du religieux</u> nombreuses et variées comme les églises, les mosquées, les synagogues, les *puja*, les sculptures religieuses.

1. Toutes les religions comportent des récits, des rites et des règles. Ajoutez les éléments manquants au tableau suivant.

La tradition religieuse	Le récit	Le rite	La règle
Le christianisme	La Cène.		
Le judaïsme		Le *Seder*, la Pâque juive ou *Pessah*.	
Le sikhisme	Le récit de la fondation du *khalsa*.		
L'islam	Le Coran.		Prier cinq fois par jour.
L'hindouisme		La *puja*.	
Le bouddhisme	Comment Siddhartha devint le Bouddha.		

2. Expliquez les liens qui existent entre les récits, les rites et les règles dans les traditions religieuses.

_____

_____

3. Au numéro 1 de la page 63, vous avez rédigé des descriptions. Expliquez les caractéristiques d'une description réussie. Au besoin, consultez la Boîte à outils à la page 209.

_____

_____

Dossier 4 · Les secrets des récits

4. Cochez les éléments dont vous avez tenu compte dans votre conversation.

❑ Écouter attentivement les propos d'une personne pour en comprendre le sens.

❑ Manifester de l'ouverture et du respect à l'égard de la personne et de ce qui est exprimé.

❑ Éviter les conclusions hâtives.

4.17 Le pape Jean-Paul II (1920-2005), chef de l'Église catholique.

5. Ce que vous avez vu dans ce dossier a-t-il modifié votre vision des traditions religieuses? Expliquez votre réponse.

_____

_____

_____

_____

_____

_____

4.18 Un musulman pendant sa prière.

6. Avez-vous trouvé une réponse à la question que vous vous posiez avant de lire le dossier (question n° 5, à la page 51)? Expliquez votre réponse.

_____

_____

_____

_____

_____

_____

4.19 Une fillette en prière.

7. Nommez un élément du dossier que vous avez trouvé particulièrement intéressant. Justifiez votre réponse en indiquant comment ces nouvelles connaissances vous aideront à mieux comprendre la société.

_____

_____

_____

_____

_____

_____

4.20 Une famille hindoue se recueillant.

4.21 Le dalaï-lama, chef spirituel bouddhiste des Tibétains.

Préparation

D e tout temps, dans toutes les cultures, les héros et même les super-héros sont présents. On les trouve dans un nombre considérable de récits, qu'ils soient religieux ou non.

Autrefois, les exploits des héros étaient racontés de vive voix et transmis de génération en génération. De nos jours, ils nous sont racontés dans les livres, au cinéma, à la télévision, dans les bandes dessinées. Les héros sont souvent au cœur des histoires présentes dans nos vies.

5.1

Aragorn, un prince, un grand guerrier et un guérisseur. Ce personnage fictif a été créé par J.R.R. Tolkien dans le roman *Le Seigneur des anneaux,* paru en 1954. En 2001, il a été interprété au cinéma par Viggo Mortensen.

Les héros font preuve de qualités hors du commun. Ils défendent des valeurs comme l'honnêteté, la loyauté, l'entraide. Ils se portent à la rescousse des personnes en danger. Ils réalisent des exploits physiques surhumains.

5.2 **Tornade dans la série des *X-Men*.** Tornade peut voler, voir à travers la pluie et le brouillard. Son corps s'adapte pour faire face aux changements climatiques qu'elle génère.

5.3 **Superman, super-héros de bande dessinée créé en 1938 par Jerry Siegel et Joe Shuster.** Ce natif de la planète Krypton peut voler, a une force considérable et il est rapide comme l'éclair.

5.4 **Lara Croft dans *Tomb Raider, Le berceau de la vie*, tourné en 2003.** Ce personnage, interprété ici par Angelina Jolie, est une aventurière archéologue. Lara Croft a été créée en 1996 pour un jeu vidéo.

Questions *de* réflexion

1. Selon vous, quelles sont les caractéristiques physiques et psychologiques d'un héros ou d'une héroïne ?

    _____

    _____

    _____

    _____

2. Quels sont les héros présents dans les histoires qui vous intéressent ? Donnez leurs caractéristiques physiques et psychologiques.

    _____

    _____

    _____

    _____

3. Quels sont les éléments communs des histoires où il y a des héros ?

    _____

    _____

    _____

    _____

4. Selon vous, quelle est l'utilité des récits mettant en vedette des personnages héroïques dans la vie de tous les jours ?

    _____

    _____

    _____

    _____

5. Notez une question que soulève chez vous la lecture des pages 69 et 70

    _____

    _____

    _____

    _____

★ ACTION !

Afin de prendre conscience de la présence des héros dans les récits religieux et non religieux dans différentes cultures :

❏ 1. Lisez les textes des pages 73 à 76.
   ❏ p. 73, *Un récit hindou : le* Ramayana
   ❏ p. 74, *Un extrait du* Ramayana : L'épreuve de l'arc

En cours de lecture, surlignez les caractéristiques des héros et les mots importants des récits.

❏ 2. Faites l'activité *Comprendre l'épreuve de Rama,* aux pages 77 et 78.

❏ 3. Lisez les textes des pages 79 et 80.
   ❏ p. 79, *La légende arthurienne : un récit non religieux*
   ❏ p. 79, *La pierre merveilleuse et l'épée Excalibur*

❏ 4. Faites l'activité *Comprendre l'épreuve d'Arthur,* à la page 81.

❏ 5. Pour apprendre à utiliser la comparaison comme moyen pour élaborer un point de vue, préparez-vous à une éventuelle discussion sur les récits que vous avez lus. Faites l'activité *Comparer les récits,* à la page 82.

Au besoin, consultez la Boîte à outils, à la page 207.

❏ 6. Pour faire le bilan du dossier 5, faites l'activité des pages 83 et 84.

Éléments du programme travaillés

Compétence disciplinaire 2 :
Manifester une compréhension du phénomène religieux.
Thèmes :
Des éléments fondamentaux des traditions religieuses. Des représentations du divin et des êtres mythiques et surnaturels.
Contenus :
Des récits. Des êtres mythiques et des êtres surnaturels.

Compétence disciplinaire 3 :
Pratiquer le dialogue.
Forme du dialogue :
Discussion.

Moyen pour élaborer un point de vue :
Comparaison.

Moyen pour interroger un point de vue :
Jugement de réalité.

Domaine général de formation :
Vivre-ensemble et citoyenneté.

Compétences transversales :
**1. Exploiter l'information.
5. Se donner des méthodes de travail efficaces.**

Vivre ensemble 1

Un récit hindou : le *Ramayana*

Le texte intitulé *L'épreuve de l'arc* est un extrait tiré du *Ramayana*. Il s'agit d'un texte sacré d'une grande importance dans la religion hindoue.

Le *Ramayana* est un long poème de 24 000 vers, regroupés en 7 volumes, qui a été écrit il y a près de 2500 ans. Il raconte les exploits du prince Rama, une forme humaine du dieu Vishnu. Ce type de récit s'appelle une « épopée ». En Inde, on a fait une télésérie à succès de cette histoire déjà connue de tous. Dans les pays où l'hindouisme est très présent, comme l'Inde, l'Indonésie, le Cambodge, le Laos ou la Thaïlande, depuis des siècles, le *Ramayana* a inspiré des danseurs, des chanteurs, des comédiens, des marionnettistes, des sculpteurs.

Tout le système de valeurs des hindous est présent dans le récit du *Ramayana*. Les hindous y trouvent des indications sur les devoirs des individus. Les personnages principaux, Rama et Sita, sont des modèles de vertu qui inspirent la population.

Pour en savoir plus sur l'hindouisme, consultez le compagnon Web *Vivre ensemble* : **www.erpi.com/vivreensemble.cw**

Consultez aussi la Boîte à outils, aux pages 198 à 201.

5.5

En Thaïlande, des scènes du *Ramayana* jouées sous la forme de théâtre dansé traditionnel.

5.6

Au Laos, des sculptures en or du 16ᵉ siècle recouvrant les murs d'un temple royal. Ces sculptures représentent des scènes du *Ramayana*.

5.7

En Inde, le tournage d'une série télévisée. En Inde, un grand nombre de séries pour la télévision et de nombreux films mettent en vedette les personnages du *Ramayana*.

5.8

Au Cambodge, un temple du 10ᵉ siècle. Le *Ramayana* a inspiré des sculpteurs au fil des siècles.

Dossier 5 • Les héros dans les récits

Un extrait du *Ramayana*: *L'épreuve de l'arc*

Le récit suivant met en scène le prince Rama et son jeune frère, Lakshmana. Tous les deux vivent auprès du <u>guru</u> Vishvamitra, un sage magicien chargé de les instruire.

Un jour, Rama et Lakshmana rencontrent le roi Janaka, qui les invite chez lui pour participer à l'épreuve d'un tournoi consistant à tendre l'arc du dieu Shiva. Cet arc est si lourd que 500 hommes sont requis pour le déplacer. Celui qui remportera l'épreuve pourra épouser la princesse Sita, la fille du roi Janaka.

5.9

***Lakshmana, Rama et le guru Vishvamitra,** peinture du 18ᵉ siècle.* De nombreux dieux hindous sont représentés avec la peau bleue.

La veille de l'épreuve, dans la cour du palais, les yeux de Rama se posent sur une jeune femme. Rama en tombe immédiatement amoureux sans savoir qu'il s'agit de la princesse Sita. Dès ce moment, il ne veut plus poser les yeux sur une autre femme.

L'épreuve de l'arc

À la vue de Rama, les princes orgueilleux et avides, aveuglés par l'obscurité de leurs désirs, se moquaient de ce jeune homme trop gracieux:

— Ce vieux fou de Dasharatha est bien inconscient d'en-
5 voyer ses fils se couvrir de ridicule!

— À moins que ce soit nous qu'il veuille couvrir de honte en nous opposant des gamins!

— Oh, le pauvre petit, il est si mignon! Il va se démettre l'épaule s'il tente l'épreuve!

10 — Il faudrait le renvoyer maintenant, sinon sa maman nous grondera de l'avoir laissé se blesser!

Et ces guerriers railleurs riaient et grimaçaient, comme si certains d'entre eux n'étaient que des démons déguisés en princes.

15 Rama les laissait dire, la main sur l'épaule de son bouillant frère pour l'empêcher de laver dans le sang de telles provocations.

Le roi Janaka entra enfin dans l'arène avec sa cour et sa famille. Il prit place dans la tribune d'honneur, faisant asseoir à sa droite sa fille Sita, l'enjeu de l'épreuve, et qui n'était autre 20 que la belle inconnue aux yeux de turquoise.

Rama garda la tête baissée et ne la vit pas. [...]

L'épreuve commença et le premier concurrent s'approcha de l'arme de Shiva. La belle Sita, de son côté, était en proie au désespoir. Elle avait vu un instant le prince qu'elle aimait en 25 secret parmi les prétendants. Mais il ne s'y trouvait plus, comme s'il avait renoncé à la conquérir. Elle le cherchait des yeux parmi la foule assise sur les gradins. Elle l'aperçut enfin, mais il ne la regardait pas.

Un roi avait tenté de soulever l'arc. Il avait fini par y 30 mettre les deux mains, s'arc-boutant sur ses jambes musclées mais, tout en sueur, il avait dû renoncer. L'arc n'avait pas bougé. Un autre kshatriyas au torse imposant tentait maintenant l'épreuve. Il meuglait comme un bœuf, tirant, poussant. Rien à faire. Il repartit en boitillant avec une crampe aux fesses. 35 Un troisième s'échina, ne réussissant qu'à se fouler le poignet. D'autres avaient essayé en vain quand ce fut le tour de Lakshmana. Il réussit sous les cris d'admiration de la foule à soulever l'arc.

Sita priait la déesse Parvati pour qu'il échoue, et cherchait 40 affolée le regard de Rama qui était, lui, concentré sur son frère. Sita se détendit quand elle vit que Lakshmana n'avait pas réussi à tendre l'arc.

Déçu par cet échec, Rama détourna la tête et jeta un coup d'œil vers la tribune d'honneur. C'est alors qu'il croisa le regard 45 suppliant de sa bien-aimée.

D'un bond, Rama fut dans l'arène. Son frère lui présenta l'arc prodigieux et, sous les moqueries des autres concurrents, il l'empoigna. Dans ses mains, l'arc ploya doucement. La reine de Mithila supplia son mari d'offrir à sa fille ce beau prince qui 50 avait plié l'arme, sans qu'il aille plus avant de peur qu'il échoue et qu'il se blesse. Le roi Janaka refusa. L'arc ployait encore. La foule silencieuse retenait son souffle.

Il y eut un fracas formidable, pareil à un coup de tonnerre. L'arc s'était brisé dans les mains de Rama. Sita, folle de joie, 55 prit la guirlande du vainqueur et courut dans l'arène la passer au cou de son bien-aimé.

Enflammés par la jalousie, les concurrents malheureux se regroupèrent autour des deux fiancés. Il parlèrent de tricherie, disant qu'un mauvais sort ou des moyens magiques avaient été 60 employés par le guru Vishvamitra. Certains voulaient s'emparer de la belle Sita pour se la disputer dans un nouveau tournoi. Menaçants, ils s'approchaient des jeunes gens.

Lakshmana fit face aux assaillants, roulant des yeux terribles, pareil à un tigre prêt à bondir sur un troupeau 65 d'éléphants sauvages. Le roi Janaka descendit dans l'arène avec ses kshatriyas pour s'interposer.

Quand l'ordre fut rétabli, le père de Sita déclara solennellement :

— Nous venons tous d'être témoins de l'énergie du fils 70 aîné de Dasharatha. Sa vigueur est absolument merveilleuse, inimaginable. Un sage m'avait prédit que le plus valeureux des princes pourrait tendre l'arc du grand dieu Shiva, et voilà pourquoi j'ai imposé cette épreuve pour la main de ma fille. Ma joie est immense de voir Rama entrer dans ma famille. Mes ambas- 75 sadeurs vont partir au plus vite pour Ayodhya inviter le roi Dasharatha et les siens au mariage.

Source : Pascal FAULIOT, *Le Ramayana*, collection Épopée, Paris, Éditions Casterman, 1990, p. 39 à 43.

5.10

Rama et Sita, **peinture du 18ᵉ siècle.**

Comprendre l'épreuve de Rama

pages 73 à 76

1. À quel moment le *Ramayana* a-t-il été écrit ?

   _____

2. Qu'est-ce qui explique la popularité de ce récit et l'importance des personnages principaux pour les hindous ?

   _____

   _____

   _____

3. a) Quelle est la réaction des autres princes devant la participation de Rama à l'épreuve de l'arc ?

   _____

   _____

   _____

   b) Comment réagit Rama ?

   _____

   _____

   _____

4. Avant l'épreuve, pourquoi Rama refuse-t-il de regarder la fille du roi Janaka ?

   _____

   _____

   _____

5. Quel est le nom du prince que la princesse Sita aime ?

   _____

6. Que fait Rama lorsqu'il se rend compte que la princesse Sita est celle qu'il aime ?

   _____

   _____

7. Comment réagissent les autres participants lorsqu'ils constatent la victoire de Rama ?

   _____

   _____

Dossier 5 • Les héros dans les récits

8. Après la victoire de Rama, les concurrents affirment qu'il y a eu tricherie et qu'un mauvais sort ou des moyens magiques ont été utilisés par le guru Vishvamitra pour permettre à Rama de réussir l'épreuve. Leur affirmation est un jugement de réalité .

atelier du **dialogue**

Qu'est-ce qu'un jugement de réalité ? C'est un énoncé qui consiste en une observation sur un fait, un événement ou une personne. Un jugement de réalité peut être faux.

Voir aussi la Boîte à outils, à la page 212.

Y a-t-il des éléments dans le récit qui permettent aux concurrents de faire ce jugement de réalité ? Expliquez votre réponse.

_____

_____

_____

_____

_____

_____

9. Quels mots utiliseriez-vous pour décrire la réaction du frère de Rama lorsqu'il sent son frère et Sita menacés par les autres participants ?

_____

_____

_____

_____

_____

10. Quelles sont les qualités énumérées par le roi Janaka au sujet de Rama ?

_____

_____

_____

_____

_____

11. L'histoire de Rama vous rappelle-t-elle une ou plusieurs histoires que vous connaissez ? Expliquez votre réponse.

_____

_____

_____

_____

_____

La légende arthurienne : un récit non religieux

On a donné le nom de « légende arthurienne » à l'ensemble des textes écrits au Moyen Âge autour des aventures du personnage du roi Arthur. À diverses époques, plusieurs auteurs ont collaboré à cette œuvre chevaleresque. Le récit qui suit se situe au 5e siècle de notre ère, après la chute de l'Empire romain d'Occident, au tout début du Moyen Âge.

Pour en savoir plus sur la légende du roi Arthur, consultez le compagnon Web *Vivre ensemble* : **www.erpi.com/vivreensemble.cw**

La pierre merveilleuse et l'épée Excalibur

Il faut désigner un successeur au roi Uther Pendragon car ce dernier n'a pas d'enfant. Il est le père d'Arthur, mais cet enfant fut conçu avant le mariage ce qui fait de lui un enfant illégitime. De ce fait, il ne peut accéder à la couronne. À sa naissance,
5 Arthur a été confié à Merlin l'Enchanteur, magicien et conseiller du roi Uther ainsi que d'Arthur. Merlin confiera l'enfant à un des plus nobles chevaliers : Antor.

On doit donc désigner le futur roi parmi les barons, les grands seigneurs du royaume. On consulte Merlin pour fixer
10 la date de la cérémonie. Merlin décrète qu'elle aura lieu le jour de Noël.

La veille de Noël, les barons se réunissent. Arthur est présent avec son père adoptif
15 Antor et son frère Keu. Ensemble, ils sortent de l'église où ils ont assisté à la messe. La foule s'étonne et s'émerveille devant une grande pierre taillée, qui
20 s'élève au milieu de la place. Une épée magnifique, Excalibur, s'y trouve enfoncée jusqu'à la garde. On peut lire l'inscription suivante : « Celui qui réussira à
25 retirer cette épée de son socle de pierre sera le roi choisi par Jésus-Christ. »

5.11

Arthur et l'épée Excalibur. Cette illustration est tirée d'un livre du 14e siècle.

Les barons essaient de faire bouger l'épée, mais l'arme demeure scellée dans la pierre.

30 Un grand tournoi a lieu. Keu, le fils d'Antor, y participe car il est chevalier. Arthur est trop jeune pour participer.

Keu demande à Arthur d'aller chercher son arme à l'hôtel. Arthur obéit, mais il ne trouve pas l'arme du jeune chevalier. Par contre, il réussit à retirer sans effort l'épée fichée dans la
35 pierre. Il apporte donc cette épée à Keu qui tentera de convaincre son père que c'est lui qui l'a retirée et qu'il est le futur roi.

Antor n'en croit rien et Keu, qui est un jeune homme obéissant, est obligé par son père de dire la vérité. Antor demande à Arthur d'aller replacer secrètement Excalibur dans la pierre
40 merveilleuse. Arthur obéit. Un peu plus tard, grâce aux pressions d'Antor, même si le garçon n'est pas chevalier, Arthur est autorisé à participer à l'épreuve. Les barons sourient, se moquent de lui. Sans dire un mot, très facilement, Arthur retire l'épée de la pierre. Le jeune Arthur sera donc le roi désigné par Dieu. Après
45 la cérémonie du <u>sacre</u> du nouveau roi, la pierre disparaît.

Sacre :

5.12 Le détail d'une tapisserie néerlandaise représentant le roi Arthur, héros de la légende arthurienne.

5.13 ***Le roi Arthur et les chevaliers de la Table ronde,*** illustration tirée d'un livre du 13ᵉ siècle.

Comprendre l'épreuve d'Arthur

pages 79 et 80

1. Décrivez l'épreuve à laquelle participe Arthur.

   _____

   _____

   _____

2. Quelle est la réaction des barons devant la participation d'Arthur à l'épreuve ?

   _____

   _____

   _____

3. Quel sort est réservé à la personne qui réussira l'épreuve ?

   _____

   _____

   _____

4. Quelles sont les valeurs véhiculées par le père adoptif d'Arthur ?

   _____

   _____

   _____

5. À quel moment la légende arthurienne a-t-elle été écrite ?

   _____

6. Qu'est-ce qui explique la popularité de ce récit et l'importance des personnages principaux dans la société occidentale ?

   _____

   _____

   _____

   _____

7. L'histoire du roi Arthur vous rappelle-t-elle une ou plusieurs histoires que vous connaissez ? Expliquez votre réponse.

   _____

   _____

   _____

   _____

Dossier 5 · Les héros dans les récits

Comparer les récits

pages 74 à 80

Dans le but de comparer les récits *L'épreuve de l'arc* et *La pierre merveilleuse et l'épée Excalibur*, remplissez le tableau suivant.

Au besoin, consultez la Boîte à outils, à la page 209.

	L'épreuve de l'arc	La pierre merveilleuse et l'épée Excalibur
Nom du héros		
Caractéristiques du héros		
Nom du frère du héros		
Caractéristiques du frère du héros		
Épreuve à laquelle doit se soumettre le héros		
Enjeu de l'épreuve		
Divinités ou dieux présents dans le récit		
Tradition religieuse à laquelle peuvent être rattachés ces divinités ou ces dieux		
Objet sacré présent dans l'épreuve		
Magicien et conseiller dans le récit		
Rites ou cérémonies qui auront lieu après l'épreuve		

Bilan du dossier 5

Dans le dossier 5, vous avez pris conscience de la présence des héros dans les récits religieux ou non, issus de diverses cultures. Vous avez également pris connaissance d'expressions du religieux inspirées du *Ramayana*, comme le théâtre dansé traditionnel et les sculptures des temples hindous. Vous avez sans doute remarqué, dans la légende arthurienne, des expressions du religieux comme la fête de Noël, l'église et la messe.

Les récits de ce dossier illustrent des valeurs comme le courage, la fidélité, la maîtrise de soi, l'obéissance, la franchise et la droiture.

1. Dans ce dossier, vous avez été en contact avec des personnages héroïques présents dans des récits religieux et non religieux. Ces personnages sont issus de différentes cultures. Vous avez pris connaissance de l'importance de Rama dans l'hindouisme. Vous savez qu'il est une forme humaine du dieu Vishnu. Cochez les cases qui correspondent à des caractéristiques de Rama.

   ❑ Il est un esprit.   ❑ Il est cruel.
   ❑ Il est invisible.   ❑ Il est susceptible.
   ❑ Il est humain.   ❑ Il est vieux.
   ❑ Il est colérique.   ❑ Il est jeune.
   ❑ Il est fort.   ❑ Il est bienveillant.
   ❑ Il est malveillant.   ❑ Il est calme.
   ❑ Il est beau.   ❑ Il suscite la peur.

2. À la question n° 2 de la page 71, vous avez nommé des héros présents dans des histoires qui vous intéressent. Quels liens pouvez-vous faire entre ces héros et Rama ou Arthur ?

   _____
   _____
   _____
   _____

3. Est-ce que l'activité *Comparer les récits* vous a permis de repérer des éléments importants dans chacun des récits ? Expliquez votre réponse.

   _____
   _____
   _____
   _____

4. Observez les photos du dossier. Quelles conclusions pouvez-vous tirer au sujet des êtres héroïques et de l'héroïsme présents dans toutes les cultures ?

_____
_____
_____
_____
_____
_____

5. Est-ce que le fait de savoir que les héros sont présents dans un grand nombre de récits a suscité votre intérêt pour la découverte de héros importants pour d'autres cultures ? Expliquez votre réponse.

_____
_____
_____
_____
_____
_____

6. Avez-vous trouvé une réponse à la question que vous vous posiez avant de lire le dossier (question n° 5, à la page 71) ? Expliquez votre réponse.

_____
_____
_____
_____
_____
_____

7. Selon vous, pour quelles raisons les héros de récits anciens sont-ils encore très présents aujourd'hui ?

_____
_____
_____
_____
_____

Les humains
et les animaux

Préparation

Développement industriel, épuisement des ressources naturelles, accumulation des déchets, espèces en voie de disparition : voilà quelques enjeux environnementaux du 21e siècle. Les humains sont de plus en plus conscients de l'interdépendance de l'environnement et de l'activité humaine. La relation des humains avec les animaux est un aspect important de cette interdépendance. Les êtres humains ont-ils des obligations envers les animaux ? Les animaux ont-ils des droits ?

6.2
Un paysage industriel. Y a-t-il des végétaux et des animaux dans cet environnement ?

6.1
Un orignal dans la toundra. Doit-on protéger l'habitat naturel de cet animal ?

La réflexion sur la relation entre les êtres humains et les animaux repose sur un système de valeurs et sur des règles qui diffèrent parfois d'une société à une autre, d'une tradition religieuse à une autre, d'un groupe de personnes à un autre et même, parfois, d'une personne à une autre.

6.3

La compétition de chasse au lièvre d'Altcar, en Angleterre. Cette compétition est interdite depuis 2005. Des manifestants se sont opposés à la tenue de cet événement. L'affiche sur la photo de droite indique que ceux qui participent à cette compétition aiment les lièvres « à mort ».

Peut-on priver un animal de sa liberté pour l'utiliser dans un cirque, une corrida, un zoo, un laboratoire ou, simplement, comme animal de compagnie?

6.4

Un mandrill d'Afrique tropicale. Ce singe a-t-il des droits ?

6.5

Un chiot et sa maîtresse. Quels sont les devoirs de cette jeune fille envers cet animal ?

Questions de réflexion

1. Selon vous, quelle est l'importance des animaux pour les êtres humains ?

   _____

   _____

2. Êtes-vous d'accord avec les personnes qui croient que les animaux sont au service des êtres humains ? Expliquez votre réponse.

   _____

   _____

3. À votre avis, les êtres humains se préoccupent-ils des droits des animaux ? Expliquez votre réponse.

   _____

   _____

4. Selon vous, les êtres humains sont-ils libres d'utiliser les animaux comme bon leur semble ?

   _____

   _____

5. Que savez-vous de la relation entre les êtres humains et les animaux :

   • dans les spiritualités des peuples autochtones ? _____

   _____

   • dans l'hindouisme ? _____

   _____

   • dans le bouddhisme ? _____

   _____

   • dans le christianisme ? _____

   _____

   • dans le mouvement pour la protection des animaux ? _____

   _____

6. Notez une question que soulève chez vous la lecture des pages 85 et 86.

   _____

   _____

ACTION !

Dans le but de réfléchir sur les obligations des êtres humains envers les animaux et sur les droits des animaux :

❑ 1. Lisez les textes des pages 89 à 92.

    ❑ p. 89, *L'animal dans les spiritualités des peuples autochtones*

    ❑ p. 90, *L'animal dans l'hindouisme*

    ❑ p. 90, *L'animal dans le bouddhisme*

    ❑ p. 91, *L'animal dans le christianisme*

    ❑ p. 92, *Le mouvement pour la défense des animaux*

❑ 2. Pour vérifier votre compréhension des textes, faites l'activité *Les points de vue sur les animaux*, aux pages 93 et 94.

❑ 3. Imaginez que vous participez à un panel sur la place des animaux. Vous élaborerez un point de vue en réalisant l'activité *Porte-parole !*, aux pages 95 et 96.

❑ 4. Pour faire le bilan du dossier 6, faites l'activité des pages 97 et 98.

En cours de lecture, surlignez les passages en lien avec les valeurs et les règles.

atelier du dialogue

Un panel est une rencontre entre quelques personnes choisies pour leurs connaissances sur une question. Au cours de cette rencontre, ces personnes exposent leur point de vue dans le but de dégager une vision d'ensemble et d'échanger avec l'auditoire.

Voir aussi la Boîte à outils, à la page 208.

Éléments du programme travaillés

Compétence disciplinaire 1 :
Réfléchir sur des questions éthiques.

Thème :
La liberté.

Contenu :
Des limites à la liberté.

Compétence disciplinaire 2 :
Manifester une compréhension du phénomène religieux.

Thème :
Des éléments fondamentaux des traditions religieuses.

Contenu :
Des règles.

Compétence disciplinaire 3 :
Pratiquer le dialogue.

Forme du dialogue :
Panel.

Moyen pour élaborer un point de vue :
Justification.

Moyen pour interroger un point de vue :
Jugement de réalité.

Domaine général de formation :
Environnement et consommation.

Compétences transversales :
1. Exploiter l'information.
3. Exercer son jugement critique.

Vivre ensemble 1

L'animal dans les spiritualités des peuples autochtones

« Nous devons bien comprendre que toutes les choses sont l'œuvre du Grand Esprit. Nous devons savoir qu'Il est en toute chose : dans les arbres, les herbes, les rivières, les montagnes, en tous les quadrupèdes et les peuples ailés ; et, ce qui est encore plus important, nous devons comprendre qu'Il est aussi au-delà de toutes ces choses et de tous ces êtres. Quand nous aurons compris tout cela profondément dans nos cœurs, nous craindrons, aimerons et connaîtrons le Grand Esprit ; alors nous nous efforcerons d'être, d'agir et de vivre comme Il veut. »

Héhaka SAPA (Black Elk) et Joseph Epes BROWN, *Les rites secrets des Indiens Sioux*, Petite bibliothèque Payot, Paris, 2004, p. 32.

6.6

Black Elk, un personnage historique important. Il est né en 1863 sur la réserve de Pine Ridge, dans le Dakota du Sud, aux États-Unis. Ce Sioux Oglala connaissait très bien l'héritage spirituel des Amérindiens. Ses paroles ont été recueillies et transposées par écrit. Depuis, ces textes sont lus partout dans le monde. Ils fournissent des informations sur les spiritualités des peuples autochtones transmises oralement de génération en génération.

Dans les spiritualités des peuples autochtones de l'Amérique du Nord, la terre est sacrée. Tous les éléments de l'univers sont interdépendants. C'est pourquoi il ne peut pas y avoir de supériorité de l'être humain sur les animaux. Les êtres humains ont cependant une grande responsabilité. Ils agissent à titre d'intermédiaires entre le Grand Esprit et la terre. Ils doivent donc veiller sur elle et la respecter.

Selon les croyances des peuples autochtones, le créateur de l'univers, le Grand Esprit, a créé les animaux bien avant les êtres humains. Les animaux sont sacrés, comme toute chose dans la nature. L'animal a donc une importance considérable. Selon leurs traditions, les peuples autochtones croient que c'est l'animal qui décide de se laisser prendre à la chasse. Ils croient également que des mauvais traitements faits aux animaux auraient des répercussions sur les chasses futures, car ils provoqueraient la colère de l'esprit de l'animal. C'est d'ailleurs pour ces raisons qu'ils traitent le corps de l'animal chassé avec le plus grand respect. Ils ne chassent que pour répondre à leurs propres besoins, pas davantage.

Pour en savoir plus sur les spiritualités des peuples autochtones, consultez le compagnon Web *Vivre ensemble* : **www.erpi.com/vivreensemble.cw**

→ Consultez aussi la Boîte à outils, aux pages 202 à 204.

6.7

Une roue de médecine, en Arizona, aux États-Unis. On trouve la roue de médecine chez de nombreux peuples amérindiens. Elle représente la relation entre l'être humain et son environnement. Par le cercle, elle est le symbole de la vie en mouvement et de l'absence de début ou de fin en toute chose.

Dossier 6 · Les humains et les animaux

L'animal dans l'hindouisme

L'hindouisme repose sur la non-violence et sur le respect de la vie sous toutes ses formes. Pour les hindous, les êtres humains ne sont pas au centre de l'univers.

Selon les Upanishad, des textes sacrés de l'hindouisme, les animaux et les êtres humains sont frères, car ils ont l'*atman* en commun. L'*atman* est l'âme immortelle. Parce que l'animal est doté de l'*atman*, il est considéré comme sacré. En Inde, les hindous vénèrent la vache. On dit même qu'elle est sacrée. La vache a toutes sortes de privilèges et il n'est pas question de lui faire du mal.

Par respect pour les animaux considérés comme frères des humains, un grand nombre d'hindous ne consomment pas de viande. Ils pratiquent le végétarisme.

Pour en savoir plus sur l'hindouisme et le bouddhisme, consultez le compagnon Web *Vivre ensemble*: www.erpi.com/vivreensemble.cw

Consultez aussi la Boîte à outils, aux pages 194 à 201.

6.8

Des vaches sacrées à Calcutta, en Inde. Quand les vaches ne donnent plus de lait, elles sont libérées et elles peuvent déambuler librement dans les rues. Les vaches se nourrissent alors dans les poubelles ou, encore, la population les nourrit.

L'animal dans le bouddhisme

Comme les hindous, les bouddhistes ne considèrent pas que les humains sont au centre de l'univers. Pour les bouddhistes, il y a six mondes au sein desquels les êtres vivants évoluent d'une réincarnation à l'autre. Le monde des animaux et le monde des êtres humains font partie de ces six mondes. Le monde des animaux est considéré par les bouddhistes comme inférieur à celui des êtres humains, parce que les êtres humains souffrent moins et que, contrairement aux animaux, ils peuvent plus facilement écouter et pratiquer les enseignements du Bouddha.

Les bouddhistes croient en la réincarnation, ce qui veut dire que la vie est cyclique. La naissance, la vieillesse et la mort sont toujours suivies d'une autre naissance. Les mauvaises actions mènent vers les mondes inférieurs et les bonnes actions mènent vers les mondes supérieurs. Seule l'illumination met fin à ce cycle. Par conséquent, un être humain peut avoir été un animal dans une vie antérieure. Un animal peut avoir été un être humain dans une vie passée. Dans les textes bouddhistes appelés « Jataka », plusieurs récits racontent que le Bouddha a été un animal dans ses vies passées.

6.9

La roue du *dharma* et les deux cerfs, au temple bouddhiste de Jokhang, à Lhassa, au Tibet. Les cerfs rappellent la présence de ces animaux lors du premier sermon du Bouddha, et la roue du *dharma* symbolise le contenu du discours.

L'animal dans le christianisme

Il y a dans la Bible de nombreux passages sur les animaux. Dans la Genèse, cette partie de l'Ancien Testament qui raconte les débuts du monde et de l'humanité, une partie du texte semble indiquer que les êtres humains étaient végétariens. «Dieu dit : " Voici je vous donne toute herbe portant de la semence et qui est à la surface de toute la terre, et tout arbre ayant en lui du fruit d'arbre et portant de la semence : ce sera votre nourriture. " » (Gn 1, 29).

Toujours dans la Genèse, après le Déluge, Dieu dit à Noé : «Vous serez un sujet de crainte et d'effroi pour tout animal de la terre, pour tout oiseau du ciel, pour tout ce qui se meut sur la terre, et pour tous les poissons de la mer : ils sont livrés entre vos mains. Tout ce qui se meut et qui a vie vous servira de nourriture : je vous donne cela comme l'herbe verte. » (Gn 9, 2-3). Par l'entremise de Noé, les êtres humains reçoivent l'ordre de dominer les animaux et d'en faire leur nourriture.

6.10

***Noé quittant l'arche**, enluminure tirée du livre* Heures de Bedford*, réalisée par l'atelier du Maître du duc de Bedford, 15e siècle.* Selon la Bible, le Déluge est le résultat des pluies déclenchées par Dieu. Ces pluies, qui ont duré 40 jours et 40 nuits, ont recouvert la Terre entièrement, tuant tous les êtres vivants. Seuls Noé, sa famille et les animaux de l'arche ont été épargnés.

Certains personnages importants du christianisme ont beaucoup aimé les animaux. C'est le cas de saint François d'Assise, qui vécut de 1182 à 1226. On dit de lui qu'il pouvait communiquer avec les animaux. Il est le fondateur de l'<u>ordre religieux</u> appelé « ordre des Frères mineurs ». Les membres de cette communauté de religieux sont les franciscains.

6.11

***Le sermon aux oiseaux**, Giotto di Bondone, 14e siècle.*

Pour en savoir plus sur le christianisme, consultez le compagnon Web *Vivre ensemble* : **www.erpi.com/vivreensemble.cw**

> Consultez aussi la Boîte à outils, aux pages 176 à 185.

Ordre religieux :

Les devoirs des catholiques par rapport aux animaux sont précisés dans le catéchisme. Ce recueil contient un ensemble de règles et de points importants. On peut y lire : «Les animaux sont des créatures de Dieu. Celui-ci les entoure de sa sollicitude providentielle. Ainsi les hommes leur doivent-ils bienveillance.»

Le mouvement pour la défense des animaux

Les premiers organismes voués à la défense des animaux sont apparus en Angleterre au 19e siècle. Ils militaient surtout contre la cruauté envers les animaux domestiques et l'utilisation des animaux pour la recherche médicale.

Depuis quelques décennies, partout dans le monde, des groupes pour la défense des animaux se sont formés. Ils visent à protéger les animaux de la souffrance causée par les activités humaines. Ces groupes dénoncent les conditions de vie dans les entreprises d'élevage intensif, les méthodes d'abattage des bêtes pour la consommation humaine, l'utilisation des animaux pour les tests dans les laboratoires scientifiques, la chasse sportive et la chasse pour le commerce de la fourrure. D'autres groupes militent contre l'utilisation des animaux dans des spectacles comme le cirque, le rodéo, la corrida, la course et le zoo.

6.12 Une manifestation pour dénoncer l'utilisation de la fourrure dans l'industrie du vêtement.

Pour en savoir plus sur les droits des animaux, consultez le compagnon Web *Vivre ensemble*: **www.erpi.com/vivreensemble.cw**

Les groupes de défense des animaux ne fondent pas leur action sur des croyances religieuses ; ils ont surtout été influencés par les écrits du philosophe Peter Singer. Celui-ci publia en 1975 un livre important intitulé *La libération animale*. Peter Singer avance que, parce que les animaux souffrent, ils doivent être considérés comme les égaux des êtres humains. Il s'intéresse au principe de l'égalité dans le règne animal, peu importe l'espèce. Il pense que les êtres humains ne sont qu'une espèce parmi toutes les autres espèces animales.

Les groupes de défense des animaux remettent en question la domination des êtres humains sur les autres espèces animales. On peut penser que leur nombre ira en augmentant dans les années à venir et que leurs activités feront sûrement en sorte de modifier le comportement des êtres humains envers les espèces animales.

Philosophe :

Les points de vue sur les animaux

pages 89 à 92

1. À l'aide des textes des pages 89 à 92, complétez les phrases ci-dessous avec les mots de la liste suivante.

> • un animal • l'*atman* ou l'âme immortelle • le bouddhisme • les devoirs
> • la Genèse • Grand Esprit • Noé • la non-violence • la souffrance • la nature

A. L'hindouisme prône _____ et le respect du monde vivant.

B. Dans les spiritualités des peuples autochtones, _____ est sacrée.

C. Les récits qui racontent les actions du Bouddha dans ses vies antérieures rapportent qu'il a déjà été _____.

D. Le catéchisme renseigne les croyants catholiques sur _____ des êtres humains envers les animaux.

E. Les groupes pour la défense des animaux visent à protéger les bêtes de _____ causée par les activités humaines.

F. Dans les spiritualités des peuples autochtones, les êtres humains agissent à titre d'intermédiaires entre le _____ et les animaux.

G. Pour les hindous, les êtres humains et les animaux sont frères, car ils ont _____ en commun.

H. Dans _____, le monde vivant n'est pas hiérarchisé ; les espèces ne sont pas classées par ordre d'importance.

I. Dans le christianisme, la partie de la Bible qu'on nomme _____ semble indiquer que les premiers êtres humains étaient végétariens.

J. Selon la Genèse, Dieu dit à _____ : « Vous serez un sujet de crainte et d'effroi pour tout animal de la terre. »

2. Expliquez ce que signifient les énoncés suivants.

A. Les animaux et les êtres humains sont frères, car ils ont l'*atman* en commun.

_____

_____

_____

_____

B. Les bouddhistes croient en la réincarnation. Ils croient qu'un être humain peut avoir été un animal dans une vie antérieure.

_____

_____

_____

_____

C. On peut lire dans le catéchisme : « Les animaux sont des créatures de Dieu. Celui-ci les entoure de sa sollicitude providentielle. Ainsi les hommes leur doivent-ils bienveillance. »

_____

_____

_____

_____

D. Les groupes de défense des animaux remettent en question la domination des êtres humains sur les autres espèces animales.

_____

_____

_____

_____

3. Donnez un exemple qui montre le respect des animaux dans les spiritualités des peuples autochtones.

_____

_____

_____

_____

_____

_____

Porte-parole !

pages 89 à 92

Imaginez la situation suivante. À l'occasion d'un panel, vous devez vous prononcer sur un sujet qui touche les animaux. Vous êtes la personne désignée pour présenter votre opinion à ce sujet. Justifiez votre opinion en utilisant des arguments qui reposent sur les croyances et les valeurs des spiritualités des peuples autochtones, de l'hindouisme, du bouddhisme, du christianisme ou d'un mouvement pour la défense des animaux.

Au besoin, consultez la Boîte à outils, à la page 210.

Pour ce faire, consultez les listes suivantes afin de choisir un des sujets et un des points de vue proposés.

Dans la fiche de la page suivante, présentez vos arguments en fonction des valeurs ou des croyances vues dans les textes des pages 89 à 92. Votre texte doit comporter un jugement de réalité.

Finalement, répondez aux questions de l'atelier du dialogue de la page suivante.

Des sujets qui touchent les animaux

• Les animaux dans des spectacles, comme le cirque et la corrida.

• La pêche ou la chasse sportive.

• Le fait de se nourrir de chair animale.

• L'utilisation des animaux dans les laboratoires scientifiques.

• La lutte pour les droits des animaux.

• Le fait de garder des animaux en captivité dans des zoos et des aquariums.

Les croyances et les valeurs

• Des spiritualités des peuples autochtones.

• De l'hindouisme.

• Du bouddhisme.

• Du christianisme.

• D'un mouvement pour la défense des animaux.

Fiche de présentation

Sujet choisi : _____

Groupe de personnes représenté : _____

Point de vue de ce groupe : _____

_____

Arguments :

1. _____

_____

_____

_____

2. _____

_____

_____

_____

_____

atelier du dialogue

Questionnement

1. Notez un jugement de réalité tiré de votre argumentation.

_____

_____

2. Cochez la bonne réponse.

Au besoin, consultez la Boîte à outils, aux pages 213 à 214.

a) Si je dis : « Aucun bouddhiste ne mange de la viande » :
   - ❏ Je fais un appel à la popularité.
   - ❏ Je fais un appel au clan.
   - ❏ Je fais une généralisation abusive.

b) Si je dis : « Les hommes n'ont pas les qualités requises pour faire de bons infirmiers » :
   - ❏ Je fais un appel au stéréotype.
   - ❏ J'utilise un argument d'autorité.
   - ❏ Je fais une attaque personnelle.

c) Si je mentionne à mon amie qu'il ne faut plus manger de viande parce que le professeur d'éthique et culture religieuse a dit de ne pas le faire :
   - ❏ J'utilise un argument d'autorité.
   - ❏ Je fais un appel à la popularité.
   - ❏ Je fais une généralisation abusive.

Bilan du dossier 6

Dans ce dossier, vous avez réfléchi sur les obligations des humains envers les animaux. Vous avez pris connaissance de certaines <u>valeurs</u> véhiculées à ce sujet dans différentes traditions religieuses et dans le mouvement pour la protection des animaux : le respect des animaux, le respect de la vie, la bienveillance, la liberté, l'égalité.

Au début du dossier, vous avez vu deux <u>questions éthiques</u> soulevées par le sujet de la relation des humains avec les animaux :

• Les humains ont-ils des obligations envers les animaux ?

• Les animaux ont-ils des droits ?

Dans les activités, vous avez réfléchi à ces questions éthiques en examinant plusieurs <u>repères</u> : la position des spiritualités des peuples autochtones, celle de différentes traditions religieuses et celle du mouvement pour la protection des animaux.

Vous avez également abordé différents <u>enjeux éthiques</u> comme la liberté, la responsabilité et l'égalité.

Vous avez aussi observé des <u>expressions du religieux</u>, comme la roue de médecine, les vaches sacrées, la roue du *dharma*, la Bible.

1. Après avoir lu les textes des pages 89 à 92, croyez-vous que les êtres humains sont tout à fait libres de faire ce qu'ils veulent des animaux ? Expliquez votre réponse.

   _____

   _____

   _____

   _____

   _____

2. Selon vous, est-ce que les règles et les valeurs véhiculées dans les spiritualités des peuples autochtones, les traditions religieuses et le mouvement de protection des animaux influencent le comportement des êtres humains dans la société d'aujourd'hui ? Expliquez votre réponse.

   _____

   _____

   _____

   _____

   _____

3. a) Donnez un exemple d'une question éthique que vous vous êtes posée pour élaborer votre point de vue dans l'activité *Porte-parole*, aux pages 95 et 96.

_____

b) Quels repères avez-vous examinés pour réfléchir à la question et préparer votre point de vue ?

_____

_____

_____

4. Cochez les éléments dont vous avez tenu compte dans les activités du dossier.
Prendre le temps de clarifier mes idées. . . . . ❑
Manifester de l'ouverture et du respect à l'égard de ce qui est exprimé. . . ❑
Accueillir différentes façons de penser. . . . . ❑

5. Ce que vous avez vu dans ce dossier vous a-t-il permis de mieux comprendre l'interdépendance de l'environnement et de l'activité humaine ? Expliquez votre réponse.

_____

_____

_____

_____

_____

6. Selon vous, est-ce que les êtres humains sont responsables du bien-être des autres espèces animales ? Expliquez votre réponse.

_____

_____

_____

_____

_____

7. Avez-vous trouvé une réponse à la question que vous vous posiez avant de lire le dossier (question n° 6, à la page 87) ? Expliquez votre réponse.

_____

_____

_____

_____

Vivre ensemble 1

Des lieux de culte au Québec

Préparation

Au Québec, des traditions religieuses, comme le catholicisme, le protestantisme et le judaïsme, tiennent une place importante dans le patrimoine religieux. Ce patrimoine comprend, par exemple, les lieux de culte — les églises, les temples ou les synagogues —, les objets d'art, les cimetières, les propriétés appartenant aux communautés religieuses. Ce patrimoine religieux est le reflet de l'apport des religions à la société québécoise et de l'histoire du Québec.

Le Québec compte environ 3000 lieux de culte. Les plus nombreux et les plus anciens sont des églises catholiques et protestantes.

7.1 **Les lieux de culte du Québec**

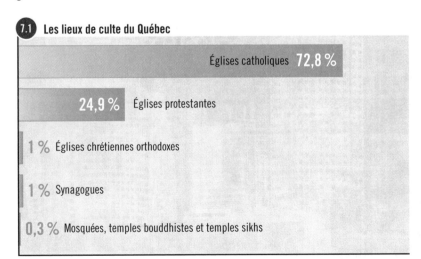

Églises catholiques	**72,8 %**
24,9 % Églises protestantes	
1 % Églises chrétiennes orthodoxes	
1 % Synagogues	
0,3 % Mosquées, temples bouddhistes et temples sikhs	

Source : Données tirées du site Internet de la Fondation du patrimoine religieux du Québec : *Inventaire des lieux de culte du Québec* [en ligne]. (Consulté le 12 février 2008.)

7.2

L'église catholique Saint-Michel à Percé, construite en 1900. De nos jours, la conservation du patrimoine religieux soulève bien des questions. Doit-on restaurer les bâtiments endommagés, les transformer ou les détruire ?

7.3 L'église montréalaise protestante First Presbyterian Church, construite en 1910. Cette église a été transformée et intégrée au nouvel immeuble en copropriété.

7.4 L'École de cirque de Québec. L'église catholique Saint-Esprit, à Québec, a été convertie pour accueillir l'École de cirque.

7.5 L'église catholique Saint-Sauveur à Montréal, construite en 1865. Ce lieu de culte laissé à l'abandon sera-t-il démoli?

7.6 Une église anglicane transformée en salle de spectacle à Lévis.

7.7 Le pavillon Judith-Jasmin de l'UQAM à Montréal. La façade de l'église Saint-Jacques, un lieu de culte catholique construit en 1860, a été restaurée et intégrée au nouveau bâtiment de l'UQAM.

❓ Questions de réflexion

1. Selon vous, est-il important de préserver des objets, des bâtiments ou des lieux qui témoignent de l'histoire ? Expliquez votre réponse.

_____

_____

_____

_____

_____

2. Nommez des lieux de culte que vous connaissez et indiquez la tradition religieuse à laquelle ils appartiennent.

• Près de chez vous : _____

_____

• Ailleurs au Québec : _____

_____

• Ailleurs dans le monde : _____

_____

3. Selon vous, que peut-on apprendre lors de la visite d'un lieu de culte ?

_____

_____

_____

_____

4. Notez une question que soulève chez vous la lecture des pages 99 et 100.

_____

_____

_____

_____

ACTION !

Dans le but de prendre conscience de l'apport des traditions religieuses dans le patrimoine religieux québécois :

Au fil de votre lecture, surlignez les caractéristiques des lieux de culte.

❑ 1. Lisez les textes des pages 103 à 106.
    ❑ p. 103, *Les églises catholiques en Nouvelle-France*
    ❑ p. 105, *Les églises anglicanes et protestantes*
    ❑ p. 106, *Les églises au Québec de 1837 à 1901*

❑ 2. Faites l'activité *Les églises, de 1600 à 1901*, aux pages 107 et 108.

❑ 3. Lisez les textes des pages 109 à 112.
    ❑ p. 109, *Les lieux de culte et la modernité au 20ᵉ siècle*
    ❑ p. 111, *Les synagogues : des lieux de culte sobres*
    ❑ p. 112, *Les lieux de pèlerinage catholiques*

❑ 4. Faites l'activité *La modernité, les synagogues et les lieux de pèlerinage*, aux pages 113 et 114.

❑ 5. Imaginez que vous participez à un panel sur les lieux de culte au Québec. Élaborez votre point de vue en réalisant l'activité *Construire un lieu de culte multiconfessionnel,* aux pages 115 et 116.

> *Au besoin, consultez la Boîte à outils, à la page 208.*

❑ 6. Pour faire le bilan du dossier 7, faites l'activité des pages 117 et 118.

Éléments du programme travaillés

Compétence disciplinaire 2 :
Manifester une compréhension du phénomène religieux.

Thème :
Le patrimoine religieux québécois.

Contenu :
Des œuvres patrimoniales.

Compétence disciplinaire 3 :
Pratiquer le dialogue.

Forme du dialogue :
Panel.

Moyen pour élaborer un point de vue :
Justification.

Moyen pour interroger un point de vue :
Procédés susceptibles d'entraver le dialogue.

Domaine général de formation :
Orientation et entrepreunariat.

Compétences transversales :
1. Exploiter l'information.
3. Actualiser son potentiel.

Les églises catholiques en Nouvelle-France

Un édifice au centre d'une paroisse

L'église paroissiale est un élément essentiel du patrimoine religieux du Québec. Cet édifice est situé au centre d'un village, d'un quartier ou d'une ville. On appelle «paroisse» le territoire officiel occupé par une communauté de <u>fidèles</u> catholiques. La paroisse est à l'origine de presque tous les villages et de toutes les villes du Québec.

Fidèle :

7.8 **La construction des lieux de culte au Québec**

De 1600 à 1649	De 1650 à 1699	De 1700 à 1749	De 1750 à 1799	De 1800 à 1849	De 1850 à 1899	De 1900 à 1949	De 1950 à 1975
0	1	8	30	117	649	1085	946

Source : Données tirées du site Internet de la Fondation du patrimoine religieux du Québec : *Inventaire des lieux de culte du Québec* [en ligne]. (Consulté le 12 février 2008.)

La construction des églises catholiques

Ce sont les fidèles catholiques qui paient pour la construction des églises. Partout dans le monde et de tout temps, les fidèles ont contribué à la construction des lieux de culte à la mesure de leurs capacités. Ainsi, en Nouvelle-France, une personne moins fortunée pouvait contribuer en offrant des produits de sa ferme ou en participant de façon bénévole aux travaux. Une personne plus fortunée pouvait offrir une somme d'argent plus importante.

Pour en savoir plus sur les lieux de culte au Québec, consultez le compagnon Web *Vivre ensemble :* **www.erpi.com/vivreensemble.cw**

L'église est un bien collectif auquel les paroissiens sont très attachés. Ils souhaitent que la construction soit durable. Pour ce faire, on utilise des matériaux solides qui sont fort coûteux. De l'époque de la Nouvelle-France jusqu'au 19ᵉ siècle, la plupart des églises sont en pierre, conformément aux vieilles traditions françaises.

La construction en pierre nécessite une main-d'œuvre spécialisée. Il faut extraire la pierre d'une carrière qui est souvent éloignée de la paroisse. Il faut transporter cette pierre jusqu'au site de construction.

7.9 **À Trois-Rivières, la chapelle du sanctuaire de Notre-Dame-du-Cap, construite de 1717 à 1720, est un des plus anciens lieux de culte du Québec.** Cette église paroissiale est devenue en 1888 le « petit sanctuaire », une chapelle vouée à la Vierge Marie.

Dossier 7 • Des lieux de culte au Québec

Ensuite des tailleurs de pierre doivent sculpter les blocs de pierre. Ces blocs de pierre sont ensuite posés par des maçons.

Toutes les plus anciennes églises du Québec sont «orientées», c'est-à-dire qu'elles sont construites dans un axe est-ouest. La façade donne à l'ouest et le chœur, à l'est, en direction de l'Orient où se trouvent les origines du christianisme.

En Nouvelle-France, tous les habitants d'origine européenne sont catholiques. La religion «officielle» de la France est le catholicisme. Le roi de France interdisait aux personnes qui n'étaient pas catholiques de s'installer sur le territoire. C'est ce qui explique la construction d'un grand nombre de lieux de culte catholiques dans la colonie.

Malgré la qualité de leur construction, beaucoup d'églises ont disparu dans des incendies ou ont été remplacées par des structures plus importantes. Il subsiste aujourd'hui au Québec une trentaine d'églises construites avant 1800.

Métiers d'aujourd'hui

De nos jours, les **tailleurs de pierres** ont pour tâches de tailler, d'extraire des blocs de pierre d'une carrière, de scier, de tailler et de finir la surface. Ils fabriquent aussi des meubles, des éléments décoratifs en pierre, en béton ou en argile.

Les **maçons** posent des briques, des blocs de béton ou des pierres pour construire ou réparer des murs, des cheminées, etc.

Chœur :

Église ou chapelle ?

L'église est un bâtiment qui sert au culte dans une paroisse catholique. La chapelle est un lieu de culte qui n'est pas associé à une paroisse. Même si certaines sont de grande taille, les chapelles sont généralement de plus petites dimensions que les églises. Certaines sont aménagées à l'intérieur d'un bâtiment public (un hôpital, une école, etc.).

7.10 L'église Saint-Jean de la municipalité de Saint-Jean-de-l'Île-d'Orléans, construite de 1734 à 1737.

Pour en savoir plus sur le catholicisme, consultez le compagnon Web *Vivre ensemble* : **www.erpi.com/vivreensemble.cw**

Consultez aussi la *Boîte à outils*, aux pages *178 à 181*.

Les églises anglicanes et protestantes

À partir de 1760

Après la Conquête, à partir 1760, avec le Régime anglais, la pratique d'autres religions que le catholicisme est permise sur le territoire. De nouvelles traditions religieuses apparaissent dans la colonie : surtout l'anglicanisme, originaire d'Angleterre, et le presbytérianisme, originaire d'Écosse. Le judaïsme fait aussi son apparition à la même époque.

7.11

L'église anglicane St. Augustine, à Danville, construite en 1896.

La construction des églises protestantes

Les églises protestantes sont généralement plus simples et plus sobres que les églises catholiques. Elles adoptent surtout un plan rectangulaire et elles sont de petites dimensions : certaines d'entre elles sont à peine plus grandes qu'une maison. Elles sont construites avec les matériaux utilisés pour la construction des maisons, comme le bois et la brique, et l'ardoise pour la toiture.

Pour en savoir plus sur l'anglicanisme et le protestantisme, consultez le compagnon Web *Vivre ensemble* :

www.erpi.com/vivreensemble.cw

> Consultez aussi la Boîte à outils, aux pages 182 à 185.

Les constructeurs des églises protestantes, souvent d'origine britannique, utilisent des techniques et des styles provenant de leur pays d'origine. En milieu rural, à la différence des églises catholiques qui sont toujours au centre du village, les églises protestantes sont souvent situées en pleine campagne, dans un paysage verdoyant.

L'intérieur des églises protestantes présente une certaine austérité. C'est-à-dire qu'on n'y trouve ni statues, ni peintures, ni sculptures, ni dorures. Lorsqu'on veut représenter des scènes religieuses, on privilégie le vitrail.

7.12

L'intérieur de l'église St. Augustine, à Danville. Très souvent, dans les églises anglicanes et protestantes, on trouve des exemplaires de la Bible mis à la disposition des fidèles.

Dossier 7 · Des lieux de culte au Québec

Les églises au Québec de 1837 à 1901

À partir du 19e siècle, on commence à utiliser la brique pour la construction des églises catholiques et protestantes. De plus en plus, on cherche à donner aux églises québécoises un clocher élevé qui sera visible de très loin.

Une véritable compétition s'installe entre les différentes traditions religieuses et même entre les nombreuses paroisses catholiques. C'est à qui construira l'édifice le plus beau, au style le plus original, au clocher le plus élevé. L'expression « avoir l'esprit de clocher » convient parfaitement à cette époque. Quand on a l'esprit de clocher, c'est qu'on croit que ce qui est chez soi est, ou doit être, plus beau que ce qui est chez les voisins.

De 1837 à 1901, le Québec connaît une période de forte croissance de la population et un important développement des villages et des villes. On construit un grand nombre d'églises.

De Montréal, dont la population est en majorité catholique, on dit qu'elle est la «ville aux 100 clochers». Or, déjà il y a 100 ans, Montréal en comptait bien davantage. En 2006, cette ville comptait près de 300 lieux de culte.

Dans le domaine de la construction, le ferblantier-couvreur occupe une place de choix, car son travail protège l'intérieur d'une église. Une couverture de métal peut durer plus de 100 ans. C'est aussi de métal que le ferblantier recouvre la flèche : la partie supérieure du clocher. C'est le forgeron qui fabrique la croix de fer posée au sommet de la flèche.

7.13 L'église catholique de Saint-Casimir, dans le comté de Portneuf, construite en 1898.

7.14 La cathédrale anglicane Christ Church, à Montréal, construite de 1856 à 1859.

Métiers d'aujourd'hui

De nos jours, les **couvreurs** installent, réparent ou remplacent les toits plats ou les toits en pente des édifices.

Les **ferblantiers** fabriquent, assemblent et réparent des articles en tôle. Ils travaillent dans des ateliers de tôlerie de différentes industries.

Quant aux **forgerons**, ils utilisent des machines mécaniques et travaillent surtout dans des usines de fabrication de produits en fer.

Les églises, de 1600 à 1901

Les églises catholiques en Nouvelle-France

pages 103 et 104

1. Qu'est-ce qu'une paroisse?

2. Qui paie pour la construction des églises en Nouvelle-France?

3. Donnez quelques raisons qui incitent les paroissiens à investir dans la construction de leur église.

4. Expliquez pourquoi les habitants d'origine européenne en Nouvelle-France étaient tous catholiques.

5. Expliquez pourquoi, autrefois, les églises étaient construites dans un axe est-ouest.

Les églises anglicanes et protestantes

page 105

6. De quels endroits, l'anglicanisme et le presbytérianisme sont-ils originaires?

7. Quel est le livre sacré dont on trouve de nombreux exemplaires dans les églises anglicanes et protestantes?

Dossier 7 • Des lieux de culte au Québec

8. Si vous comparez l'emplacement des églises catholiques et l'emplacement des églises protestantes, que remarquez-vous ?

_____

_____

_____

_____

9. Comment décririez-vous l'intérieur des lieux de culte protestants ?

_____

_____

_____

_____

Les églises au Québec de 1837 à 1901

page 106

10. Que signifie l'expression « avoir l'esprit de clocher » ?

_____

_____

_____

11. Selon vous, quel est le procédé qui entrave le dialogue se rapprochant le plus du sens de l'expression « avoir l'esprit de clocher » ? Expliquez votre réponse

Au besoin, consultez la Boîte à outils, aux pages 213 et 214.

_____

_____

_____

12. Combien de temps dure une couverture de métal ?

_____

13. Qu'est-ce que la flèche d'une église ?

_____

14. Qu'est-ce qui est posé généralement au sommet de la flèche ?

_____

Les lieux de culte et la modernité au 20ᵉ siècle

Une population en forte croissance

Au Québec, la majorité des lieux de culte ont été construits de 1945 à 1970. Cela s'explique par l'importante augmentation de la population qui a suivi la fin de la Seconde Guerre mondiale (1939–1945).

Des lieux de culte qui se renouvellent

En 20 ans, de 1945 à 1965, on a construit plus de 800 églises au Québec, ce qui représente en moyenne 3 nouvelles églises par mois. À cette époque, presque toutes les traditions religieuses construisaient des lieux de culte à l'architecture moderne.

Les lieux de culte construits dans les années 1950 et 1960 ont souvent des formes surprenantes. On trouve, par exemple, des églises à la forme circulaire avec une toiture qui pointe vers le ciel, tel un tipi amérindien. L'utilisation de nouvelles techniques de construction et de nouveaux matériaux, dont le béton, a permis de construire des volumes aux formes très variées. Ces bâtiments sont de véritables sculptures. Le travail du béton exige des ouvriers très minutieux. La fabrication des moules, aussi appelés « coffrages », dans lesquels on coule le béton doit être réalisée avec doigté. Lorsque les ouvriers retirent les coffrages, la moindre imperfection est visible à la surface du béton.

7.15 L'église catholique Saint-Marc, à Saguenay. L'architecture de cette église, construite en 1955 par Paul-Marie Côté, est considérée comme une des plus audacieuses au Québec.

7.16 L'église catholique Saint-Marc, à Saguenay, est devenue en 2006 une église protestante évangélique.

Dossier 7 · Des lieux de culte au Québec

7.17 L'église catholique Saint-Maurice-de-Duvernay, à Laval. Les architectes Roger D'Astous et Jean-Paul Pothier ont conçu cette église en 1961.

7.18 L'intérieur de l'église catholique Saint-Maurice-de-Duvernay, à Laval. Les vitraux ont été réalisés par l'artiste québécois Jean-Paul Mousseau.

Au tournant des années 1960, le Québec est réputé mondialement pour l'avant-garde de ses lieux de culte. C'est particulièrement le cas de la région du Saguenay–Lac-Saint-Jean où de jeunes architectes ont conçu des bâtiments tout à fait spectaculaires.

Métiers d'aujourd'hui

Les **architectes** tracent les plans des édifices, planifient et dirigent leur construction ou leur rénovation.

7.19 L'église catholique de Gesgapegiag, en Gaspésie, a la forme d'un wigwam.

7.20 L'église catholique Saint-Georges, à Longue-Pointe-de-Mingan, construite en 1917. L'intérieur a été conçu et réalisé par des membres de la communauté innue d'Ekuanitshit.

Vivre ensemble 1

Les synagogues : des lieux de culte sobres

Au Québec, la population juive vit en majorité dans les grandes villes. Elle est regroupée en petites communautés : les synagogues ont souvent des dimensions réduites. Ces lieux de culte du judaïsme sont des bâtiments généralement sobres et discrets dans le paysage urbain.

Il est fréquent qu'une synagogue fasse partie d'un alignement serré de bâtiments et qu'elle soit aménagée dans un ancien immeuble d'habitation. C'est le cas du Temple Solomon, à Montréal.

À la différence des églises chrétiennes, la silhouette d'une synagogue ne se démarque pas dans le paysage. Certaines synagogues de Montréal reprennent des styles orientaux : un dôme ou des bulbes semblables à ceux des église orthodoxes russes. La plupart des synagogues actuelles adoptent un style moderne, avec peu d'ornements. Seule la présence de symboles de la foi judaïque, comme l'étoile de David, le chandelier à sept branches ou encore les inscriptions en hébreu, permettent d'associer ces bâtiments à leur tradition religieuse.

L'aménagement intérieur de certaines synagogues se caractérise par la séparation de l'espace sur deux niveaux. Les hommes se placent dans la partie inférieure, les femmes, dans la partie supérieure. Le centre d'intérêt et le lieu sacré de la synagogue est l'arche sainte où est conservée la Torah.

7.21

La synagogue Shaar Hashomayim, à Montréal. Cette grande synagogue a été construite en 1921 par l'architecte J. Melville Miller.

7.22

Le Temple Solomon à Montréal. Ce lieu de culte était à l'origine un immeuble d'habitation. L'immeuble a été converti en synagogue en 1921.

7.23

La synagogue Spanish and Portuguese, à Montréal, construite en 1947 par l'architecte W. J. Rosenberg.

Pour en savoir plus sur le judaïsme, consultez le compagnon Web *Vivre ensemble* : **www.erpi.com/vivreensemble.cw**

Consultez aussi la Boîte à outils, aux pages 186 à 189.

Les lieux de pèlerinage catholiques

À divers endroits au Québec, on trouve des lieux de pèlerinage catholiques. Ils ont une grande importance dans notre patrimoine religieux. Sainte-Anne-de-Beaupré est le plus ancien lieu de pèlerinage québécois. C'est à partir de 1658, 50 ans seulement après la fondation de la ville de Québec, que des fidèles catholiques viennent y prier.

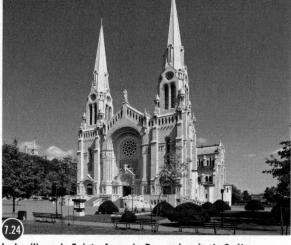

La basilique de Sainte-Anne-de-Beaupré, près de Québec. Cette basilique a été construite de 1923 à 1962 par les architectes Maxime Roisin, de France, et Louis-Napoléon Audet, du Québec. Sainte Anne, la mère de la Vierge Marie y est vénérée. Sur ce site, les pèlerinages ont commencé en 1658.

C'est sur les lieux de pèlerinage que se trouvent les plus vastes lieux de culte construits au Québec. Certains peuvent accueillir jusqu'à 2000 fidèles. Ce sont aussi les lieux de culte auxquels on a consacré les sommes et les moyens les plus importants. Les travaux ont souvent duré plusieurs dizaines d'années et ont mis à contribution d'importants artistes québécois et européens. Certains d'entre eux y ont même consacré une grande partie de leur vie professionnelle. C'est le cas des architectes de la basilique de Sainte-Anne-de-Beaupré, Maxime Roisin et Louis-Napoléon Audet, qui y ont travaillé pendant près de 40 ans.

Pèlerinage :

De réputation internationale, les trois plus importants lieux de pèlerinage québécois sont : l'oratoire Saint-Joseph-du-Mont-Royal, à Montréal ; le sanctuaire de Notre-Dame-du-Cap, à Trois-Rivières ; et le sanctuaire de Sainte-Anne-de-Beaupré, près de Québec.

L'oratoire Saint-Joseph-du-Mont-Royal, à Montréal. Ce lieu de pèlerinage a été construit de 1924 à 1967 par les architectes Viau et Venne, du Québec, et Dom Paul Bellot, de France. Saint Joseph, l'époux de la Vierge Marie y est vénéré.

La basilique de Notre-Dame-du-Cap, à Trois-Rivières. La construction s'est échelonnée de 1955 à 1964. L'architecte était Adrien Dufresne, du Québec. La Vierge Marie y est vénérée. Les pèlerinages ont commencé en 1879.

Vivre ensemble 1

La modernité, les synagogues et les lieux de pèlerinage

Les lieux de culte et la modernité au 20ᵉ siècle

pages 109 et 110

1. Pourquoi la majorité des lieux de culte au Québec ont-ils été construits entre 1945 et 1970 ?

   _____
   _____
   _____
   _____

2. Qu'est-ce qui a permis le renouvellement des volumes et des formes de l'architecture des églises ?

   _____
   _____
   _____
   _____

3. Expliquez l'importance de la minutie dans le travail du béton.

   _____
   _____
   _____
   _____

4. Quelle est la réputation du Québec dans les années 1960 en ce qui a trait à la construction des lieux de culte ?

   _____
   _____
   _____
   _____

5. Nommez une région réputée mondialement pour ses lieux de culte avant-gardistes et spectaculaires.

   _____

Les synagogues : des lieux de culte sobres

page 111

6. Comment qualifieriez-vous les dimensions des synagogues au Québec ?

_____

7. Quels sont les symboles de la foi judaïque qui permettent d'associer les lieux de culte à la tradition religieuse juive ?

_____

_____

_____

8. Quel est le lieu sacré dans la synagogue ?

_____

9. Qu'est-ce qui est conservé à cet endroit ?

_____

Les lieux de pèlerinage catholiques

page 112

10. Qu'est-ce qu'un lieu de pèlerinage ?

_____

_____

_____

11. Quel est le plus ancien lieu de pèlerinage québécois ?

_____

12. Nommez deux architectes qui ont consacré une partie de leur vie professionnelle à la construction d'une basilique.

_____

_____

13. Nommez trois lieux de pèlerinage québécois de réputation internationale.

_____

_____

_____

Vivre ensemble 1

Construire un lieu de culte multiconfessionnel

Imaginez que vous devez participer à un (panel) pour discuter de la construction d'un lieu de culte multiconfessionnel, c'est-à-dire un lieu de culte où sont regroupées plusieurs traditions religieuses. Celui à imaginer réunira le catholicisme, le protestantisme et le judaïsme.

Au besoin, consultez la Boîte à outils, à la page 208.

Afin de vous préparer pour cette rencontre, vous devez réfléchir aux caractéristiques de ce lieu de culte multiconfessionnel. Pour vous aider, répondez aux questions suivantes.

1. Nommez cinq caractéristiques des lieux de culte :
   - catholiques : _____
   _____
   _____

   - anglicans et protestants : _____
   _____
   _____

   - juifs : _____
   _____
   _____

2. Observez les photographies du dossier et nommez des éléments que l'on peut voir dans les lieux de culte :
   - catholiques : _____
   _____
   _____

   - anglicans et protestants : _____
   _____
   _____

   - juifs : _____
   _____

3. Parmi les éléments que vous avez mentionnés, quels sont ceux que vous souhaiteriez voir dans un lieu de culte multiconfessionnel ? Justifiez votre réponse.

   _____
   _____
   _____
   _____

Dossier 7 · Des lieux de culte au Québec

4. Imaginez l'extérieur du bâtiment. Quels matériaux pourraient être utilisés ?

_____

_____

_____

_____

_____

5. Quels sont les métiers des personnes qui seraient engagées pour construire le bâtiment ?

_____

_____

_____

_____

_____

6. Quel serait l'emplacement idéal du lieu de culte multiconfessionnel ? À la campagne ? à la ville ? dans un village ? Justifiez votre réponse. Pensez aux objections que pourraient formuler certaines personnes au sujet de votre projet.

→ Au besoin, consultez la Boîte à outils, à la page 210.

_____

_____

_____

_____

_____

7. Avez-vous songé à utiliser un lieu de culte déjà existant ? Expliquez votre réponse.

_____

_____

_____

_____

_____

8. Selon vous, quelle serait l'importance d'un lieu de culte multiconfessionnel dans le patrimoine religieux du Québec ? Expliquez votre réponse.

_____

_____

_____

_____

_____

Bilan du dossier 7

Dans ce dossier, vous avez constaté que le paysage du Québec comporte de nombreux lieux de culte qui constituent une partie importante du patrimoine religieux. Les lieux de culte vus dans ce dossier sont des <u>expressions du religieux</u> des traditions religieuses présentes au Québec. Ainsi, le fait de les découvrir vous a permis de prendre conscience de l'apport du catholicisme, de l'anglicanisme, du protestantisme et du judaïsme dans ce patrimoine.

1. Expliquez une différence entre un lieu de culte catholique et un lieu de culte anglican ou protestant.

   _____

   _____

   _____

   _____

2. Expliquez une différence entre un lieu de culte catholique et un lieu de culte juif.

   _____

   _____

   _____

   _____

3. Dans votre réponse à la question 6 de la page 116, avez-vous songé aux objections possibles au sujet du projet de construction d'un lieu de culte multiconfessionnel ? Expliquez votre réponse.

   _____

   _____

   _____

   _____

4. Votre opinion a-t-elle changé au sujet de la préservation des objets, des bâtiments ou des lieux qui témoignent de l'histoire ? Expliquez votre réponse.

   _____

   _____

   _____

5. a) Ce que vous avez vu dans ce dossier a-t-il modifié votre regard sur les lieux de culte ici et dans le reste du monde ? Expliquez votre réponse.

_____

_____

_____

_____

b) Aurez-vous envie de faire la visite des lieux de culte lors d'éventuels voyages ? Expliquez votre réponse.

_____

_____

_____

_____

6. Avez-vous trouvé une réponse à la question que vous vous posiez avant de lire le dossier (question n° 4, à la page 101) ?

_____

_____

_____

_____

7. Avez-vous découvert des métiers que vous ne connaissiez pas ? Si oui, lesquels ?

_____

_____

_____

_____

7.27 L'église catholique de Sainte-Luce, en Gaspésie, construite en 1838.

7.28 La chapelle de l'Hôtel-Dieu de Montréal, construite en 1860.

Vivre ensemble 1

Les droits et libertés de la personne

Préparation

epuis des milliers d'années, dans toutes les sociétés, les êtres humains suivent des règles établies dans le but de maintenir l'ordre social et la paix. Ces règles reposent sur les valeurs qui sont considérées comme importantes. Après la Seconde Guerre mondiale (1939–1945), pour la première fois de l'histoire de l'humanité, des dirigeants des pays du monde entier, par l'entremise de l'Organisation des Nations unies, adoptent la Déclaration universelle des droits de l'homme. Ce document prône le respect des droits et des libertés pour tous les êtres humains sur la planète.

Quels sont les outils de la société québécoise pour protéger les droits et libertés des individus ?

> « La liberté, ce n'est pas seulement se débarrasser de ses chaînes ; c'est vivre d'une façon qui respecte et renforce la liberté des autres. »
>
> Nelson Mandela, extrait de son autobiographie intitulée *Un long chemin vers la liberté*.

8.2

Nelson Mandela est né en Afrique du Sud le 18 juillet 1918. Toute sa vie, il a milité pour la démocratie et le respect des droits et libertés de la personne. De 1962 à 1990, il a été emprisonné pour ses idées politiques. On doit à cet ardent défenseur de la paix et de la non-violence l'abolition de la politique de ségrégation raciale sud-africaine qu'on appelait « apartheid ». Nelson Mandela a été président de l'Afrique du Sud de 1994 à 1999. Depuis, il travaille à la lutte contre le sida.

8.1

La sculpture érigée sur l'ancien emplacement du marché aux esclaves, à Zanzibar, en Tanzanie, dans la partie est de l'Afrique.

Dossier 8 · Les droits et libertés de la personne

Dans la Bible

8.3

Moïse et les Tables de la Loi, Juste de Gand,
15ᵉ siècle. Selon l'Ancien Testament (dans la
Bible), Dieu a transmis à Moïse dix règles à
suivre. Parmi celles-ci, on doit honorer son père
et sa mère, on ne doit ni tuer ni voler. Le récit des
dix commandements donnés à Moïse est présent
dans le christianisme, le judaïsme et l'islam.

Il y a plus de 2600 ans

8.4

**La stèle sur laquelle est gravé le
texte du code de Hammourabi.**
Dans les années 1600 avant notre
ère, Hammourabi, le roi de Babylone,
fixe des règles pour assurer l'ordre
dans la société. Afin de couvrir tous
les aspects de la vie en société,
282 articles de lois sont rédigés.

Il y a près de 2500 ans

« Notre constitution politique n'a rien
à envier aux lois qui régissent nos
voisins ; loin d'imiter les autres, nous
donnons l'exemple à suivre. Du fait
que l'État, chez nous, est administré
dans l'intérêt de la masse et non
d'une minorité, notre régime a pris
le nom de démocratie. En ce qui
concerne les différends particuliers,
l'égalité est assurée à tous par les
lois ; [...] et la classe à laquelle il
appartient importe moins que sa
valeur personnelle ; enfin nul n'est
gêné par la pauvreté et par l'obscurité de sa condition sociale, s'il peut
rendre des services à la cité. »

Thucydide, *Histoire de la guerre du Péloponnèse,*
vers 431 avant notre ère.

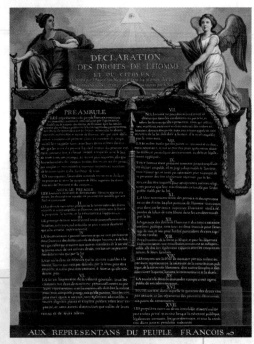

Il y a plus de 200 ans

8.5

**La Déclaration des droits de l'homme et du citoyen, adoptée par l'Assemblée
nationale française, le 26 août 1789.** Ce document compte des articles de lois
basées sur l'égalité et la liberté. Dans l'introduction, on peut lire le texte suivant :
« [...] considérant que l'ignorance, l'oubli ou le mépris des droits de l'homme sont
les seules causes des malheurs publics et de la corruption des gouvernements,
[les représentants du peuple français] ont résolu d'exposer, dans une déclaration
solennelle, les droits naturels, inaliénables et sacrés de l'homme. »

Questions
de réflexion

1. Que savez-vous au sujet des organismes, des textes ou des lois qui visent la protection des droits et libertés des êtres humains ?

   _____

   _____

   _____

   _____

2. Au Québec, les droits et les libertés de tous les citoyens sont protégés par une charte. Selon vous, ce document a-t-il une influence sur votre vie de tous les jours ? Expliquez votre réponse.

   _____

   _____

   _____

   _____

3. D'après vous, quels sont les droits qui devraient être reconnus à tout être humain ?

   _____

   _____

   _____

   _____

4. Selon vous, les êtres humains sont-ils totalement libres d'agir comme bon leur semble ? Expliquez votre réponse.

   _____

   _____

   _____

   _____

5. Notez une question que soulève chez vous la lecture des pages 119 et 120.

   _____

   _____

   _____

Dossier 8 • Les droits et libertés de la personne

★ACTION !

Dans le but de prendre conscience des règles de vie en société et de réfléchir aux limites quant à la liberté des individus :

❑ 1. Lisez le texte des pages 123 à 126, *L'essentiel de la Charte des droits et libertés de la personne du Québec.* Surlignez les mots qui vous semblent importants.

❑ 2. Pour comprendre le lien entre le contenu des articles de la Charte et des situations quotidiennes, faites l'activité *Comprendre les articles de la Charte québécoise,* à la page 127.

❑ 3. Afin d'approfondir votre compréhension des droits et libertés inclus dans la Charte, faites l'activité *Des mots pour parler des droits et libertés,* à la page 128.

❑ 4. Dans le but d'appliquer à des situations fictives le contenu de la Charte, faites l'activité *La Charte dans la vie de tous les jours,* aux pages 129 et 130. Utilisez la narration pour structurer vos idées.

❑ 5. Pour faire le bilan du dossier 8, faites l'activité des pages 131 et 132.

atelier du **dialogue**

Une narration est un récit détaillé, écrit ou oral, d'une suite de faits et d'événements.

Voir aussi la Boîte à outils, à la page 207.

Éléments du programme travaillés

Compétence disciplinaire 1 :
Réfléchir sur des questions éthiques.

Thème :
La liberté.

Contenu :
Des réflexions sur la liberté.
Des limites à la liberté.

Compétence disciplinaire 3 :
Pratiquer le dialogue.

Forme du dialogue :
Narration.

Moyen pour élaborer un point de vue :
Description.

Moyen pour interroger un point de vue :
Jugement de prescription.

Domaine général de formation :
Vivre-ensemble et citoyenneté.

Compétences transversales :
3. Exercer son jugement critique.
4. Mettre en œuvre sa pensée créatrice.

L'essentiel de la Charte des droits et libertés de la personne du Québec

Les origines de la Charte

Au lendemain de la Seconde Guerre mondiale, le 10 décembre 1948, l'Organisation des Nations unies (ONU) adopte la Déclaration universelle des droits de l'homme. Pour la première fois de l'histoire de l'humanité, les droits et libertés des êtres humains sont reconnus à l'échelle internationale. Le but ultime de cette Déclaration est de combattre l'oppression et la discrimination. Les pays signataires de ce document considéraient que « la reconnaissance de la dignité inhérente à tous les membres de la famille humaine et de leurs droits égaux et inaliénables constitue le fondement de la liberté, de la justice et de la paix dans le monde ».

Depuis, à l'ONU, cette Déclaration a inspiré un grand nombre de textes comme :

- la Déclaration des droits de l'enfant, en 1959 ;
- la Déclaration sur l'élimination de toutes les formes de discrimination raciale, en 1963 ;
- la Déclaration sur le droit au développement, en 1986 ;
- la Convention internationale des droits de l'enfant, en 1989 ;
- la Déclaration universelle sur le génome humain et les droits de l'homme, en 1997.

8.6

Eleanor Roosevelt (1884-1962). La veuve du président américain Franklin Delano Roosevelt, Eleanor Roosevelt a participé à la rédaction de la Déclaration universelle des droits de l'homme. On peut lire ce document dans plus de 360 langues.

Pour en savoir plus sur les droits et libertés de la personne, consultez le Compagnon Web *Vivre ensemble* : **www.erpi.com/vivreensemble.cw**

L'adoption de la Charte

Le Québec s'est lui-même doté d'un document qui vise à protéger les droits et libertés de ses citoyens. En effet, le 27 juin 1975, l'Assemblée nationale du Québec a adopté la Charte des droits et libertés de la personne. Cette charte est composée de 139 articles qui sont le reflet des valeurs de la société québécoise. La Charte est une loi fondamentale, c'est-à-dire que toutes les autres lois adoptées par l'Assemblée nationale du Québec doivent respecter les principes établis par les 139 articles de la Charte.

Au Québec, dans leurs rapports entre eux, tous les organismes, toutes les institutions et toutes les personnes doivent respecter les droits et libertés d'autrui.

Principe :

Dossier 8 · Les droits et libertés de la personne

Les principes de la Charte

Voici les principes sur lesquels repose la Charte des droits et libertés de la personne du Québec :

- Tout être humain possède des droits et libertés destinés à assurer sa protection et son épanouissement.
- Tous les êtres humains sont égaux en valeur et en dignité et ont droit à une égale protection de la loi.
- Te respect de la dignité de l'être humain et la reconnaissance de ses droits et libertés constituent le fondement de la justice et de la paix.
- Les droits et libertés de la personne sont inséparables des droits et libertés d'autrui et du bien-être général.
- Les libertés et droits fondamentaux de la personne doivent être garantis par la volonté collective et mieux protégés contre toute violation.

Les libertés et les droits fondamentaux

Les articles suivants sont tirés de la section de la Charte québécoise intitulée « Libertés et droits fondamentaux ».

> Surlignez les mots clés de chaque article de la Charte.

Article 1 : Le droit à la vie, à la sûreté, à l'intégrité et à la liberté de sa personne, ainsi que la reconnaissance de la personnalité juridique de chaque personne.

Le droit à la vie signifie que toute personne a le droit de vivre. En cas d'accident ou de maladie, tout doit être mis en œuvre pour le maintien de la vie d'une personne. Le droit à la sûreté et à l'intégrité signifie que, peu importe l'endroit, les personnes peuvent se promener en toute quiétude, sans craindre les dangers, les menaces, l'intimidation, les bagarres, etc.

8.7

Article 2 : Le droit au secours.

Le droit au secours signifie que lorsqu'une personne est en danger, des mesures doivent être mises en place pour lui porter secours.

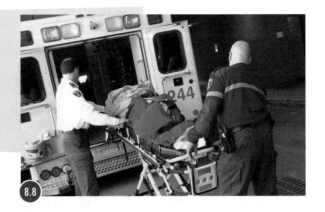
8.8

8.9

Article 3 : Les libertés de conscience, de religion, d'opinion, d'expression, de réunion pacifique et d'association.

Dans la société actuelle, il y a un grand nombre de courants de pensée et de traditions religieuses. Les personnes sont libres d'adhérer ou non aux idées véhiculées. Les individus sont également libres de s'exprimer et de se réunir.

Article 4 : Le droit à la sauvegarde de sa dignité, de son honneur et de sa réputation.

Personne ne peut porter atteinte à la dignité, à l'honneur ou à la réputation d'un individu en diffusant des ragots à son endroit, en l'attaquant en paroles, en le discréditant, et en le calomniant.

8.10

Dossier 8 · Les droits et libertés de la personne

Article 5 : Le droit au respect de sa vie privée.

La vie privée représente l'intimité d'une personne, ce qu'elle désire garder pour elle, ne pas divulguer. Nul ne peut divulguer des informations sur une personne, prendre des photos d'elle sans son consentement, s'introduire chez elle pour interroger des personnes à son sujet, exiger qu'elle donne des informations personnelles, etc.

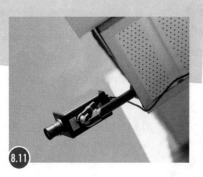
8.11

Article 6 : Le droit à la jouissance paisible et à la libre disposition de ses biens, sauf dans la mesure prévue par la loi.

Les biens d'une personne sont sa maison, son véhicule, les objets qu'elle possède. La Charte stipule qu'une personne peut profiter de ses biens comme elle l'entend pour autant qu'elle ne contrevienne pas à un règlement ou à une règle contenus dans les lois en vigueur.

8.12

Articles 7 et 8 : Le droit à l'inviolabilité de sa demeure.

Nul ne peut entrer dans la maison d'une autre personne sans y être invité. Ainsi, même si la porte n'est pas verrouillée, il est interdit d'entrer chez une personne sans en avoir la permission.

8.13

Article 9 : Le droit au respect du secret professionnel.

Certains professionnels, comme les médecins ou les avocats, sont tenus de ne pas divulguer les informations au sujet de leurs patients ou de leurs clients.

8.14

Comprendre les articles de la Charte québécoise

pages 124 à 126

Reliez chaque article de la Charte des droits et libertés de la personne du Québec à une situation.

Articles

Article 1 : Le droit à la vie, à la sûreté, à l'intégrité et à la liberté de sa personne, ainsi que la reconnaissance de la personnalité juridique de chaque personne.

Article 2 : Le droit au secours.

Article 3 : Les libertés de conscience, de religion, d'opinion, d'expression, de réunion pacifique et d'association.

Article 4 : Le droit à la sauvegarde de sa dignité, de son honneur et de sa réputation.

Article 5 : Le droit au respect de sa vie privée.

Article 6 : Le droit à la jouissance paisible et à la libre disposition de ses biens, sauf dans la mesure prévue par la loi.

Articles 7 et 8 : Le droit à l'inviolabilité de sa demeure.

Article 9 : Le droit au respect du secret professionnel.

Situations

A. Jonathan veut savoir si sa mère, qui est psychiatre, soigne leur voisin. La mère répond qu'elle est tenue au secret professionnel et qu'elle n'a pas le droit de dévoiler l'identité de ses patients.

B. Louisa reçoit des menaces par courriel. Des élèves de son école lui écrivent qu'ils l'attendront après la classe pour lui donner une bonne raclée.

C. Le ballon de Manuelo est tombé sur le balcon chez Mme Dulong. Sans en avoir la permission, Manuelo passe par-dessus la clôture et va chercher son ballon.

D. Marc-André a participé à une manifestation pour signifier aux membres du gouvernement provincial qu'il s'oppose à leur décision.

E. Une inondation a détruit la route reliant le chalet des Santiago et le village. Les agents de police de la région ont utilisé des chaloupes pour aller chercher les membres de la famille près du chalet.

F. Jasmine et ses amies adorent partir le matin vers cinq heures pour faire leur jogging autour du parc.

G. Camilla a placé des photos de ses amies sur son site Internet sans leur demander leur autorisation.

H. Une nouvelle usine a été construite à côté de la maison des Tremblay. Cette usine fait un bruit infernal et elle dégage une odeur infecte.

I. La mère de Michael accuse injustement son voisin, qui est dentiste, d'avoir endommagé la clôture qui sépare leurs propriétés. Elle publie sur son site Internet des insultes et des injures. Elle y accuse son voisin d'être un irresponsable. Elle recommande aux gens de ne pas consulter ce dentiste.

Dossier 8 · Les droits et libertés de la personne

Des mots pour parler
des droits et libertés

pages 123 à 126

1. Tout être humain possède des droits et libertés intrinsèques destinés à assurer sa protection et son épanouissement.

   Cochez le synonyme du mot « épanouissement ».
   ❏ Bien-être général.
   ❏ Développement harmonieux.
   ❏ Respect des lois en vigueur.

2. Tous les êtres humains sont égaux en valeur et en dignité et ont droit à une égale protection de la loi.

   Que veut-on dire par « Tous les êtres humains sont égaux en valeur et en dignité » ? Cochez la bonne réponse.
   ❏ Tous les êtres humains doivent respecter les mêmes règles.
   ❏ Il n'y a pas d'infériorité ni de supériorité entre les êtres humains.
   ❏ Tous les êtres humains peuvent utiliser les tribunaux.

3. Le respect de la dignité de l'être humain et la reconnaissance de ses droits et libertés constituent le fondement de la justice et de la paix.

   Cochez ce qui correspond le mieux aux mots « justice » et « paix ».
   ❏ Ce sont des valeurs importantes pour le Québec.
   ❏ Ce sont des moyens de faire valoir ses droits.
   ❏ C'est ce qui permet le respect des lois en vigueur.

4. Les droits et libertés de la personne sont indissociables des droits et libertés d'autrui et du bien-être général.

   Encerclez les mots qui correspondent le mieux à l'idée que vous vous faites du bien-être général.

   Droit de vote   Droit à l'information   Liberté d'expression

   Liberté de parole   Discrimination   Droit à la paix

   Droit à l'éducation

   Égalité

   Droit de grève   Bien-être général   Harcèlement

   Démocratie

   Ordre social   Dignité   Droit au travail

   Liberté de culte

   Droit au développement   Respect

   Tolérance   Droit à la protection

   Droit à des conditions de travail
   justes et raisonnables   Justice

La Charte dans la vie de tous les jours

pages 124 à 126

1. Lisez le texte suivant et cochez les articles de la Charte des droits et libertés de la personne qui pourraient être utilisés pour protéger les droits et libertés des personnes en cause. Au besoin, consultez les pages 124 à 126.

Une fête chez les Gagnon

Il est quatre heures du matin. Les voisins des Bernier, les Gagnon, font la fête. La musique joue à plein volume. N'y tenant plus, les Bernier viennent frapper à la porte. Les Gagnon ne répondent pas. Les Bernier regardent par les fenêtres et finissent par ouvrir la porte, qui n'est pas fermée à clé. Ils entrent dans la maison pour aviser leurs voisins de baisser le volume de la musique. Les Gagnon sont furieux : ils n'avaient pas invité les Bernier à entrer dans leur maison. Les Bernier sont exaspérés : ils voudraient bien dormir en paix.

☐ **Article 1 :** Le droit à la vie, à la sûreté, à l'intégrité et à la liberté de sa personne, ainsi que la reconnaissance de la personnalité juridique de chaque personne.

☐ **Article 2 :** Le droit au secours.

☐ **Article 3 :** Les libertés de conscience, de religion, d'opinion, d'expression, de réunion pacifique et d'association.

☐ **Article 4 :** Le droit à la sauvegarde de sa dignité, de son honneur et de sa réputation.

☐ **Article 5 :** Le droit au respect de sa vie privée.

☐ **Article 6 :** Le droit à la jouissance paisible et à la libre disposition de ses biens, sauf dans la mesure prévue par la loi.

☐ **Articles 7 et 8 :** Le droit à l'inviolabilité de sa demeure.

☐ **Article 9 :** Le droit au respect du secret professionnel.

Dossier 8 · Les droits et libertés de la personne

2. a) Imaginez une situation de la vie de tous les jours en lien avec le contenu des articles de la Charte.

   b) Rédigez une (description) de cette situation en incluant au moins trois éléments en lien avec la Charte.

   c) Votre texte de 100 à 150 mots doit comporter un jugement de prescription.

   ↳ Au besoin, consultez la Boîte à outils, à la page 209.

atelier du dialogue

Un jugement de prescription est un énoncé qui exprime une obligation.

Voir aussi la Boîte à outils, à la page 212.

_____

_____

_____

_____

_____

_____

_____

_____

_____

_____

_____

_____

_____

_____

_____

_____

_____

_____

3. Quels sont les articles de la Charte québécoise en lien avec les éléments de votre texte ?

_____

_____

_____

_____

Bilan du dossier 8

Dans ce dossier, vous avez vu que des documents comme les chartes protègent les droits et libertés des individus. La liberté est un enjeu éthique qui soulève de nombreuses questions éthiques.

De ce fait, ces documents posent des limites à la liberté des individus. Les êtres humains ne peuvent pas faire tout ce qu'ils veulent ; ils doivent se conformer à des règles et à des règlements.

Ce dossier vous a également permis de comprendre qu'une charte sert de repère dans une société.

> Pour vérifier vos connaissances sur les droits et libertés de la personne, explorez la section *Jeux* du Compagnon Web *Vivre ensemble* :
> **www.erpi.com/vivreensemble.cw**

1. Parcourez de nouveau les pages 123 à 126 et donnez les mots clés qui résument ce que vous savez maintenant de la Charte des droits et libertés du Québec.

_____

_____

_____

_____

_____

_____

2. Selon vous, est-il possible de faire en sorte que les droits et libertés des personnes soient toujours respectés dans la vie de tous les jours ? Expliquez votre réponse.

_____

_____

_____

_____

_____

_____

3. Cochez les éléments dont vous avez tenu compte dans votre narration.

Écouter attentivement les propos d'une personne pour en comprendre le sens. . . . . ☐

Exprimer correctement ses perceptions, ses sentiments et ses idées. . . . . ☐

Prendre le temps de clarifier ses idées. . . . . ☐

Dossier 8 • Les droits et libertés de la personne

4. Ce que vous avez appris dans ce dossier vous a fait prendre conscience des limites de la liberté des individus et des règles mises en place par la société pour garantir les droits des êtres humains. Comment cela vous aide-t-il à mieux comprendre les contraintes et les obligations des individus dans notre société ?

_____

_____

_____

_____

5. Avez-vous trouvé une réponse à la question que vous vous posiez avant de lire le dossier (question n° 5, à la page 121) ? Expliquez votre réponse.

_____

_____

_____

_____

6. Nommez des événements tirés de l'actualité dans lesquels des personnes n'ont pas respecté la Charte des droits et libertés de la personne du Québec. Expliquez votre réponse.

_____

_____

_____

_____

8.15 8.16 8.17 8.18 8.19 8.20

Les droits et libertés de la personne : une préoccupation de tous les jours.

Je dépense, donc je suis...

Préparation

On doit au philosophe René Descartes la phrase célèbre : « Je pense, donc je suis. » Il affirmait que la raison est le seul moyen de comprendre tout ce qui nous entoure. Il croyait qu'en ayant une pensée critique, fondée sur la science et la raison, les êtres humains peuvent mieux se connaître et connaître le monde.

De nos jours, de nombreuses personnes tentent de comprendre qui elles sont et comment elles se comportent par rapport à la consommation. Ces personnes s'interrogent sur le fait que la publicité leur propose des styles de vie, des façons d'être et des manières de penser. Ces personnes refusent de dire : « Je dépense, donc je suis... »

Scientifique, mathématicien et philosophe français, René Descartes est considéré comme le fondateur de la philosophie moderne. Penseur et humaniste, il garde au cœur de sa démarche son engagement envers Dieu et la religion catholique. Cependant, Descartes accorde une grande place à la raison. Il invite à la pensée critique par rapport aux vérités toutes faites, et envers les autorités qui les imposent.

9.1 René Descartes (1596-1650).

1. Nommez cinq objets qui sont importants pour vous et expliquez pourquoi ces objets sont importants dans votre vie.

1er objet : _____

_____

2e objet : _____

_____

3e objet : _____

_____

4e objet : _____

_____

5e objet : _____

_____

2. Cochez ce qui a suscité chez vous l'idée de vous procurer ces objets.

❑ La télévision.

❑ Un magazine.

❑ La radio.

❑ Des discussions avec mes amis, mes parents, mon entourage.

❑ Internet.

❑ Un journal.

❑ Autre réponse (précisez) :

_____

Questions de réflexion

1. Expliquez le sens de la célèbre phrase « Je pense, donc je suis » de René Descartes.

   _____

   _____

   _____

2. Nommez quelques grandes marques que vous connaissez. Que représentent-elles pour vous ?

   _____

   _____

   _____

3. Selon vous, comment les entreprises s'y prennent-elles pour que les consommateurs fassent des associations entre leurs produits et un style de vie ou une façon d'être ?

   _____

   _____

   _____

4. La publicité influence-t-elle vos choix lorsque vous achetez des produits ?

   _____

   _____

   _____

5. Comment interprétez-vous le titre du dossier : « Je dépense, donc je suis... » ?

   _____

   _____

   _____

6. Notez une question que soulève chez vous la lecture de la page 133 et l'activité de la page 134.

   _____

   _____

ACTION !

Dans le but de développer votre autonomie en matière de consommation en prenant conscience de vos besoins, du rôle de la publicité dans la société de consommation, de l'existence des organismes qui viennent en aide aux consommateurs ou qui proposent d'autres façons de consommer :

En cours de lecture, encerclez les mots clés qui sont en lien avec les sujets traités.

❑ 1. Lisez les textes des pages 137 et 138.
   ❑ p. 137, *Les premiers pas dans la consommation*
   ❑ p. 138, *La société de consommation*

❑ 2. Faites l'activité *Les dépenses des ados et la société de consommation,* aux pages 139 et 140.

❑ 3. Lisez les textes des pages 141 et 142.
   ❑ p. 141, *La publicité et ses stratégies*
   ❑ p. 142, *D'autres façons de consommer*

❑ 4. Faites l'activité *La dissection d'une liste d'achats* aux pages 143 et 144.

❑ 5. Faites l'activité *Le premier prix* aux pages 145 et 146. Trouvez des arguments et expliquez-les pour vous préparer à un débat sur votre rapport à la consommation et pour exprimer votre point de vue à l'aide d'une affiche.

Au besoin, consultez la Boîte à outils, à la page 208.

❑ 6. Pour faire le bilan du dossier 9, faites l'activité des pages 147 et 148.

Éléments du programme travaillés

Compétence disciplinaire 1 :	Compétence disciplinaire 3 :	Domaine général de formation :
Réfléchir sur des questions éthiques.	**Pratiquer le dialogue.**	**Environnement et consommation.**
Thème :	Forme du dialogue :	Compétences transversales :
L'autonomie.	**Débat.**	**1. Exploiter l'information.**
Contenu :	Moyen pour élaborer un point de vue :	**3. Exercer son jugement critique.**
La dépendance et l'autonomie.	**Justification.**	
	Moyen pour interroger un point de vue :	
	Procédés susceptibles d'entraver le dialogue.	

Les premiers pas dans la consommation

Du choix du menu dans les restaurants au choix des vêtements dans les magasins, pas à pas, les enfants développent leur autonomie. De l'enfance à l'adolescence, c'est tout un cheminement et tout un apprentissage pour en arriver à faire des choix judicieux en matière de consommation. La quête d'identité des adolescents les amène à s'affirmer davantage jour après jour.

9.2

Les vitrines sont aménagées pour attirer les regards des petits comme des grands.

Les dépenses des adolescents

De nos jours, les statistiques démontrent que les adolescents disposent de beaucoup d'argent. Cet argent provient principalement de leurs parents, mais aussi de petits emplois, comme le gardiennage, la livraison de journaux, etc.

Les dépenses des adolescents sont nombreuses et variées. Toutefois, la majeure partie de l'argent de poche dépensé par les jeunes va dans les vêtements. Très souvent, garçons et filles recherchent les vêtements fabriqués par les grandes marques populaires. Les produits de santé et de soins corporels, traditionnellement réservés aux filles, seraient achetés de plus en plus par les garçons. Enfin, les accessoires technologiques, tels que téléphones cellulaires, lecteurs de musique portatifs, disques compacts, musique en ligne, DVD, revues et billets de spectacles, sont achetés tant par les garçons que par les filles.

Bien évidemment, les entreprises connaissent l'importance des sommes dépensées par les jeunes. Ces compagnies rivalisent d'audace et de créativité afin d'aller chercher une partie de cette richesse qui provient des adolescents. Leur outil le plus efficace et le plus visible : la publicité.

Les ados et l'argent

- Les sommes dont disposent les adolescents au Québec, en moyenne par semaine :
  12 et 13 ans : 66 $
  14 et 15 ans : 102 $
  16 et 17 ans : 174 $

- Le total des sommes dépensées annuellement par les adolescents ou par les parents sous l'influence des adolescents, au Québec :
  6 milliards de dollars

- Le total des sommes dépensées annuellement par les adolescents ou par les parents sous l'influence des adolescents, au Canada :
  30 milliards de dollars

- Le total des sommes dépensées annuellement par les adolescents ou par les parents sous l'influence des adolescents, dans le monde :
  600 milliards de dollars

Source : Radio-Canada, *Enjeux*, « Ados-dollar » [en ligne]. (Consulté le 12 mars 2008.)

Pour en savoir plus sur les habitudes de consommation des adolescents, consultez le compagnon Web *Vivre ensemble :*
www.erpi.com/vivreensemble.cw

9.3

Le magasinage : un véritable passe-temps pour certaines personnes.

Dossier 9 • Je dépense, donc je suis...

La société de consommation

Une définition

L'expression « société de consommation » a vu le jour dans les années 1960 afin de décrire une nouvelle réalité : un important développement des industries productrices de biens et de services et une augmentation considérable des besoins des individus en matière de consommation. Autre nouveauté, cette augmentation des besoins est stimulée par la publicité qui encourage la consommation des biens et des services.

9.4
Les centres commerciaux se sont développés à partir des années 1960.

L'importance des biens consommés

À une certaine époque, c'était l'appartenance à une religion, à une famille, à un métier ou à une classe sociale particulière qui différenciait les gens, qui leur permettait de se définir. Dans une société de consommation, un grand nombre de personnes se définissent, se différencient et se reconnaissent par les biens qu'elles consomment.

La façon de faire ses achats a bien changé depuis la fin de la Seconde Guerre mondiale (1939-1945). Auparavant, les gens n'achetaient que les objets dont ils avaient vraiment besoin, ceux qui répondaient aux besoins physiologiques selon la pyramide d'Abraham Maslow (voir la page 20 du dossier 2). Ils cherchaient à combler des besoins essentiels à leur survie : le logement, la nourriture et les vêtements.

Après la Seconde Guerre mondiale, l'économie s'est transformée et les pays d'Europe et d'Amérique du Nord se sont beaucoup enrichis. L'abondance matérielle a donné naissance à une foule d'industries désireuses de vendre leurs nouveaux produits. Un grand nombre de ces produits comblent des besoins non essentiels : une nouvelle voiture, une coiffure popularisée par les vedettes de la chanson ou du cinéma, une jupe à la mode, un veston chic, des lunettes fumées. Tous ces produits répondent à des besoins qui se situent aux échelons les plus élevés de la pyramide d'Abraham Maslow : la sécurité, l'appartenance ou l'estime de soi.

9.5
La consommation est-elle synonyme de bonheur ?

La naissance de la publicité

En faisant la promotion de leurs nouveaux produits, les industries prétendent offrir un accès à la joie de vivre, au bonheur. La publicité a développé un nombre impressionnant de stratégies pour charmer les futurs acheteurs.

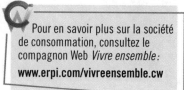

Pour en savoir plus sur la société de consommation, consultez le compagnon Web *Vivre ensemble* :
www.erpi.com/vivreensemble.cw

Les dépenses des ados
et la société de consommation

pages 137 et 138

1. Nommez trois choses que vous pouvez acheter de façon autonome, sans avoir besoin de demander la permission à vos parents.

    _____

    _____

    _____

2. a) Faites une liste des dépenses que vous effectuez au cours d'une année.

    _____

    _____

    _____

    _____

    _____

    b) Ces dépenses sont effectuées pour combler certains besoins. Placez les éléments de votre liste dans le tableau ci-dessous selon la catégorie de besoins de la pyramide de Maslow à laquelle ils correspondent le mieux.

Besoins physiologiques	Protection et sécurité	Amour et appartenance	Estime de soi et des autres	Actualisation de soi
Exemple : Repas à la cafétéria.				

Dossier 9 · Je dépense, donc je suis...

3. Complétez les énoncés suivants avec les mots de la liste ci-dessous.

> • abondance matérielle • biens • pyramide • stratégies
> • consommation • développement • non essentiels
> • augmentation • publicité • produits • services

A. Une **société de consommation** est caractérisée par :

- un important _____ de ses industries de production

  de _____ et de _____ ;

- une _____ considérable des besoins des individus

  en matière de _____ ;

- la _____ qui encourage la consommation des biens

  et des services.

B. Dans une société de consommation, de nombreuses personnes se définissent

  par les _____ consommés.

C. Après la Seconde Guerre mondiale, l'_____ en Europe

  et en Amérique du Nord a donné naissance à une foule d'industries désireuses

  de vendre leurs produits.

D. Les produits _____ comblent des besoins qui se situent à

  des échelons plus élevés de la _____ d'Abraham Maslow.

E. La publicité a développé des _____ pour charmer les futurs

  acheteurs.

4. Selon vous, la publicité est-elle très présente dans votre vie ? Expliquez votre réponse.

  _____

  _____

  _____

  _____

5. Quelle est votre opinion au sujet de la présence de cette publicité autour de vous ?

  _____

  _____

  _____

  _____

La publicité et ses stratégies

Les spécialistes de la publicité ont plus d'un tour dans leur sac pour donner envie aux consommateurs de se procurer les produits. Ils cherchent à donner l'impression aux acheteurs qu'ils accèderont à un mode de vie auquel ils ont toujours rêvé, un merveilleux univers de confort, de beauté, de luxe et de bien-être.

9.6

Selon un article paru en mai 2001 dans la version en ligne du *Monde diplomatique*, dans les pays développés, chaque personne serait en contact avec 2500 éléments publicitaires dans une seule journée.

Les principales stratégies publicitaires

• L'omniprésence
Les publicités sont partout : dans les journaux, au cinéma, à la télévision, à la radio, sur les panneaux dans les champs, sur les édifices, dans les transports en commun et même dans les toilettes des endroits publics.

9.7

La publicité est de plus en plus présente au cinéma.

• La répétition
Au cours d'une campagne publicitaire, les compagnies veulent que la clientèle visée voit le produit ou en entende parler plusieurs fois par jour.

• La présentation d'un monde idéal et merveilleux dans un décor parfait
Des parents, des enfants, des collègues fantastiques, heureux, joyeux, en pleine forme, qui sourient, etc.

• La promesse d'un bonheur inégalé
Des produits qui rendent heureux, qui font rire, chanter, danser, sauter, etc.

• L'utilisation de personnes marquantes
Des vedettes du sport, de la télévision, de la chanson qui présentent un produit.

• Des histoires touchantes
Des personnages attachants, en difficulté, secourus par des personnes charitables.

• Un vocabulaire évocateur
L'utilisation de mots comme « resplendissante », « glamour », « fascinant », « brillante », « sublime », « ce qu'il y a de mieux », etc.

• Des musiques et des chansons que l'on retient facilement

• Des conseils de spécialistes
Comme « le sirop pour la toux XYZ est recommandé par les médecins depuis 1933 », « parlez-en à votre comptable », etc.

• La naissance d'un clan
Si vous achetez le produit, vous faites partie du club des « cools », des chanceux, des gens branchés, etc.

• Des chiffres à l'appui
Pour plus de crédibilité, les publicitaires utilisent des chiffres impressionnants, par exemple « faites comme plus de 100 000 Québécois… ».

Dossier 9 · Je dépense, donc je suis…

D'autres façons de consommer

Depuis un certain nombre d'années, des personnes remettent en question la consommation et la surconsommation. Certains groupes se sont mis en place pour la protection des droits des consommateurs, pour aider les consommateurs au point de vue budgétaire, ou pour proposer d'autres façons de consommer.

L'aide aux consommateurs

Les ACEF (Associations coopératives d'économie familiale) sont des organismes communautaires, à but non lucratif, qui offrent des services d'information et de formation dans les domaines du budget, du crédit, et de la consommation. Ces associations visent à défendre les droits des consommateurs et à développer une société plus juste. Elles sont présentes partout au Québec.

Option consommateurs est une association montréalaise, à but non lucratif, qui travaille à la promotion et à la défense des intérêts des consommateurs québécois. Elle offre des conseils et des informations en matière de budget et de consommation.

L'Office de la protection du consommateur est un organisme gouvernemental. Sa mission est «d'informer les citoyens de leurs droits, de leurs responsabilités et de leurs recours afin de les rendre plus autonomes dans les choix qu'ils doivent exercer et la résolution des différends qu'ils peuvent avoir avec les entreprises». L'Office vient en aide aux personnes qui sont victimes de comportements illégaux de la part de certaines compagnies.

Consommer autrement

Des organismes se sont donné pour mission d'éduquer la population à la consommation responsable. C'est le cas notamment de l'organisme Équiterre qui encourage les petits gestes de consommation ayant des conséquences positives sur l'environnement et la justice dans le monde. Ses actions se concentrent autour de l'agriculture plus respectueuse de l'environnement, du commerce plus juste envers les travailleurs du monde entier, des moyens de transport plus écologiques et des façons de moins dépenser l'énergie inutilement.

Le Réseau québécois pour la simplicité volontaire (RQSV) est un organisme à but non lucratif, qui a été fondé en 2000. Il regroupe «des personnes qui veulent vivre et promouvoir la simplicité volontaire comme moyen d'améliorer leur propre vie et de contribuer à édifier une société plus juste et plus durable».

9.8
Au Québec, de nombreux consommateurs remettent en question leurs façons de consommer.

Pour en savoir plus sur différentes façons de consommer, consultez le compagnon Web *Vivre ensemble*:
www.erpi.com/vivreensemble.cw

Simplicité volontaire:

La dissection d'une liste d'achats

pages 141 et 142

1. a) Observez la liste d'achats suivante.

* Ananas du Costa Rica

* Viande biologique

* Savon à lessive sans phosphate

* Papier hygiénique fait à partir de fibre recyclée

* Brocoli de la Californie

* Gâteaux en format individuel

* Disque compact de votre groupe préféré

* Trousse de premiers soins pour la maison

* Carte pour l'anniversaire de grand-maman

* Chandail comme celui de mes meilleurs amis

* Revue pour la recherche en science sur le monde vivant

b) Indiquez le type de besoin qui sera comblé par chacun des produits de la liste d'achats.

Besoins physiologiques	Protection et sécurité	Amour et appartenance	Estime de soi et des autres	Actualisation de soi

2. Pour chaque produit, indiquez ce qui pourrait motiver une personne à l'acheter.

A. Ananas du Costa Rica : *Exemple : c'est le produit le moins cher sur le marché.*

_____

B. Viande biologique : _____

_____

C. Savon à lessive sans phosphate : _____

_____

D. Papier hygiénique fait à partir de fibre recyclée : _____

_____

Dossier 9 • Je dépense, donc je suis...

E. Brocoli de la Californie : _____

_____

F. Gâteaux en format individuel : _____

_____

G. Disque compact de votre groupe préféré : _____

_____

H. Trousse de premiers soins pour la maison : _____

_____

I. Chandail comme celui de mes meilleurs amis : _____

_____

J. Carte pour l'anniversaire de grand-maman : _____

_____

K. Revue pour la recherche en science sur le monde vivant : _____

_____

atelier du dialogue

Dans les slogans publicitaires, les compagnies utilisent consciemment des formules qui ressemblent aux pièges susceptibles de nuire au dialogue. Consultez les pages 213 et 214 de la Boîte à outils et indiquez, pour chacun des slogans suivants, s'il s'agit : d'une généralisation abusive ; d'un appel à la popularité ; d'un appel au préjugé ; d'un appel au clan ; d'un appel au stéréotype ; d'une attaque personnelle ou d'un argument d'autorité.

Attention ! Dans certains cas, il peut y avoir plus d'une réponse possible.

A. Faites comme les héros sportifs spécialistes de la forme physique, utilisez le fabuleux Biceps de fer.

_____

B. Au Québec, quand on a soif, on boit la bière d'épinette Gagnon !

_____

C. Le couteau de cuisine Kouptout ? Le bonheur des ménagères !

_____

D. Vous avez aimé la collection d'été des vêtements Déblok ? Vous adorerez les vêtements d'automne.

_____

Le premier prix

Imaginez la situation suivante.

Afin de préparer un débat sur la société de consommation, le conseil étudiant de votre école organise un concours. Le but du concours est d'amener les élèves à produire des affiches pour donner leur point de vue au sujet de la consommation. Le premier prix de ce concours est de 300 $.

L'affiche doit aborder le thème de la consommation sous l'un des quatre angles suivants :

1. L'argent dépensé par les adolescents.

2. La satisfaction des besoins par l'acquisition de biens de consommation.

3. L'influence de la publicité dans la vie de tous les jours.

4. Les autres façons de consommer.

Sur votre affiche, vous devez présenter ce que vous ferez avec le montant attribué au gagnant ou à la gagnante.

Exemples :

• Je mettrai la moitié de l'argent à la banque et j'utiliserai l'autre moitié pour les urgences.

• J'organiserai une grande fête et j'y inviterai tous mes amis.

• Je mettrai la somme totale dans mon compte d'épargne pour mes études universitaires.

• Je me paierai des repas à la cafétéria tous les jours.

• J'irai acheter les bottes annoncées dans mon magazine préféré.

→ Au besoin, consultez la Boîte à outils, à la page 210.

1. Expliquez le lien entre le contenu de votre affiche et l'un des angles ci-dessus. Justifiez votre réponse à l'aide de deux arguments solides.

Ce que je ferai avec les 300 $: _____

_____

_____

Lien entre mon choix et l'un des angles : _____

_____

_____

1er argument : _____

_____

2e argument : _____

_____

Dossier 9 • Je dépense, donc je suis...

2. Faites un brouillon de votre affiche.

Bilan du dossier 9

Dans ce dossier, afin de développer votre autonomie en matière de consommation, vous avez pris conscience de vos besoins, du rôle de la publicité dans la société de consommation, de l'existence des organismes qui viennent en aide aux consommateurs ou qui proposent d'autres façons de consommer.

Vous avez constaté que certaines valeurs, comme la liberté et l'autonomie, jouent un rôle important dans la façon de consommer. Vous avez aussi constaté l'existence de différents repères présents dans la société, comme les organismes d'aide aux consommateurs et les organismes qui prônent la consommation responsable.

9.9

1. Pour chacun des sujets ci-dessous, indiquez quelle est votre position et sur quelles valeurs repose cette position.

   a) La consommation chez les adolescents.

   _____

   _____

   _____

   b) La consommation dans votre vie de tous les jours.

   _____

   _____

   _____

   c) La présence de la publicité dans la vie de tous les jours.

   _____

   _____

   _____

   d) Les stratégies utilisées par les publicitaires.

   _____

   _____

   _____

   e) Les autres façons de consommer mises de l'avant par différents groupes de personnes.

   _____

   _____

   _____

Dossier 9 • Je dépense, donc je suis...

2. Votre vision de la consommation a-t-elle changé ? Justifiez votre réponse.

_____

_____

_____

3. Selon vous, quelles sont les caractéristiques d'une personne autonome en matière de consommation ?

_____

_____

_____

4. Avez-vous trouvé une réponse à la question que vous vous posiez avant de lire ce dossier (question n° 6, à la page 135) ? Expliquez votre réponse.

_____

_____

_____

5. Après la lecture du dossier, considérez-vous avoir développé votre autonomie en matière de consommation ? Expliquez votre réponse.

_____

_____

_____

9.10 Faire la distinction entre ses désirs et ses besoins : un signe d'autonomie ?

9.11

Être ou paraître ?

Préparation

Dans l'histoire de l'humanité, le vêtement a d'abord eu une fonction utilitaire : la protection contre les intempéries. Rapidement, il est devenu une façon de marquer sa différence et son appartenance sociale. Par exemple, il y a 10 000 ans, chez les chasseurs nomades, on jugeait des qualités des individus par les peaux d'animaux qu'ils portaient. Plus l'animal était dangereux et plus la personne était brave.

10.1
Une jeune femme grecque rangeant des vêtements dans un coffre, sculpture sur pierre, 5e siècle avant notre ère.

10.2
Photo tirée du film *La guerre du feu* du réalisateur Jean-Jacques Annaud.
Pendant la préhistoire, les homo sapiens portaient des peaux d'animaux.

Aujourd'hui, les vêtements en disent long sur les origines, la classe sociale, les valeurs, la personnalité et l'identité des gens qui les portent.

10.4 Le pape Benoît XVI. Les vêtements du chef de l'Église catholique répondent à un code très précis.

10.3 Indiennes portant le sari, le vêtement traditionnel des femmes.

10.5 Jeune femme de style « gothique ». Les jeunes aiment explorer les styles vestimentaires.

10.6 Modèle présentant un vêtement lors d'un défilé de mode.

10.7 Des vêtements ignifuges. Ce pompier porte des vêtements qui le protègent du feu : les matières sont traitées pour ne pas être inflammables.

Questions de réflexion

1. Quelle importance accordez-vous à vos vêtements ?

   _____

   _____

   _____

2. Selon vous, tous les adolescents pensent-ils de la même façon au sujet des vêtements et de la mode ?

   _____

   _____

   _____

3. Pourquoi croyez-vous que les gens accordent autant d'importance à leur apparence ?

   _____

   _____

   _____

4. Selon vous, quels sont les avantages et les inconvénients de la mode dans notre société ?

   _____

   _____

   _____

5. Quelle est votre position au sujet du port obligatoire de l'uniforme à l'école ? Expliquez votre réponse.

   _____

   _____

   _____

6. Formulez une question que soulève chez vous la lecture des pages 149 et 150.

   _____

   _____

   _____

★ACTION !

Dans le but de comprendre le rôle que jouent les vêtements et la mode dans la vie des êtres humains :

☐ 1. Lisez les textes des pages 153 à 156.
   ☐ p. 153, *La petite histoire des vêtements*.
   ☐ p. 155, *Les fonctions des vêtements*.

☐ 2. Afin de vérifier votre compréhension, faites l'activité *L'histoire des vêtements et leurs fonctions*, aux pages 157 et 158.

☐ 3. Lisez les textes des pages 159 à 162.
   ☐ p. 159, *Le regard des autres : une limite à la liberté ?*
   ☐ p. 160, *La mode à l'adolescence*.
   ☐ p. 161, *Le vêtement : un lien avec les autres*.

☐ 4. Afin de vérifier votre compréhension, faites l'activité *Le regard des autres*, à la page 163.

☐ 5. Participez à une délibération sur le port de l'uniforme à l'école au cours de l'activité *Délibérons !*, aux pages 164 à 166.

☐ 6. Pour faire le bilan du dossier 10, faites l'activité des pages 167 et 168.

> En cours de lecture, surlignez les mots importants.

atelier du dialogue

La délibération est un examen avec d'autres personnes des différents aspects d'une question. On analysera ensemble des faits, des intérêts en jeu, des normes et des valeurs, des conséquences probables d'une décision pour en arriver à une décision commune.

Voir aussi la Boîte à outils, à la page 207.

Éléments du programme travaillés

Compétence disciplinaire 1 :
Réfléchir sur des questions éthiques.

Thèmes :
La liberté, l'autonomie et l'ordre social.

Contenus :
Des réflexions sur la liberté ; des limites à la liberté.
La dépendance et l'autonomie ; des individus et des groupes.

Compétence disciplinaire 2 :
Manifester une compréhension du phénomène religieux.

Thème :
Des éléments fondamentaux des traditions religieuses.

Contenu :
Des rites et des règles.

Compétence disciplinaire 3 :
Pratiquer le dialogue.

Forme du dialogue :
Délibération.

Moyen pour élaborer un point de vue :
Justification.

Moyen pour interroger un point de vue :
Types de jugements.

Domaine général de formation :
Vivre ensemble et citoyenneté.

Compétences transversales :
1. Exploiter l'information.
3. Exercer son jugement critique.

La petite histoire des vêtements

Dans l'histoire, la manière de se vêtir a évolué sans cesse. Au fil du temps, la technologie a permis le développement des techniques pour la fabrication des tissus et, ensuite, pour la confection des vêtements. La diversité des tissus et des matières a permis aux êtres humains de laisser libre cours à leur créativité.

Des vêtements différents selon les classes sociales

Depuis la nuit des temps, les gens fortunés et ceux qui le sont moins ne s'habillent pas de la même manière. Le vêtement est un moyen d'afficher sa fortune. Les gens plus pauvres fabriquent eux-mêmes leurs vêtements. Ceux-ci sont la plupart du temps plus sobres.

Les vêtements des enfants

À l'époque de la Nouvelle-France, de 1608 à 1763, les enfants étaient habillés exactement comme les adultes. Avec le Régime anglais, de 1763 à 1867, une première mode pour enfant apparaît : celle du petit matelot et des vêtements inspirés des uniformes militaires.

10.9

Jeune femme à la machine à coudre au début du 20ᵉ siècle. Au 19ᵉ siècle, l'invention de la machine à coudre a permis plus de rapidité dans la fabrication des vêtements.

10.8

Histoire d'amour sans paroles, **peinture ornant un manuscrit du 16ᵉ siècle.** Durant la Renaissance, les hommes portaient les cheveux longs et des collants. Les femmes revêtaient de grandes robes très lourdes.

10.10

Portrait d'un garçon de quatre ans avec un bâton et une balle, **Paulus Moreelse (1571-1638).** Jusqu'au 19ᵉ siècle, en Occident, on habillait les enfants comme les adultes. Jusqu'à l'âge de cinq ou six ans, il était courant d'habiller les jeunes garçons avec des vêtements féminins.

Dossier 10 • Être ou paraître ?

Les femmes et le pantalon

En France, une loi adoptée en 1804 interdisait aux femmes le port du pantalon. Pour avoir le droit d'en porter un, les femmes devaient posséder une « permission de travestissement », émise par la police. En 1909, un ajout à la loi stipule que le port du pantalon n'est plus un délit si la femme tient un guidon de bicyclette ou les rênes d'un cheval.

Plus près de nous, après la Seconde Guerre mondiale (1939-1945), le pantalon est admis dans les sports et les activités comme le jardinage. Autrement, dans les occasions sociales, les femmes doivent porter la jupe ou la robe. Le port du pantalon chez les femmes n'est admis socialement qu'à partir des années 1960. Et encore de nos jours, on considère que la robe est le summum de l'élégance pour la femme.

10.11 **Femme portant le pantalon dans les années 1930.** Jusqu'aux années 1960, il était mal vu pour une femme de porter le pantalon.

L'arrivée de la mode planétaire à la fin du 20e siècle

Avec le développement des moyens de communication, comme les journaux, la radio, la télévision et le cinéma, la mode devient mondiale. Les différences vestimentaires entre les pays s'atténuent. Le jeans, qui a longtemps symbolisé la rébellion et la jeunesse, devient l'un des vêtements les plus portés dans le monde entier. Aujourd'hui, les vêtements à la mode ont gagné toutes les générations : des bébés aux personnes âgées. Les magasins spécialisés se sont développés. Les chaînes de boutiques sont apparues dans les pays occidentaux.

En réaction aux valeurs véhiculées par certaines modes, aux conflits générés par les différences vestimentaires entre les groupes, certaines écoles secondaires publiques ont décidé de se doter d'un uniforme. Dans la plupart des écoles privées, l'uniforme est accepté depuis longtemps.

Pour en savoir plus sur les vêtements, consultez le compagnon Web *Vivre ensemble* :
www.erpi.com/vivreensemble.cw

Les fonctions des vêtements

La protection

Les vêtements remplissent plusieurs fonctions dans la vie quotidienne des êtres humains. Évidemment, le vêtement permet de protéger le corps de l'environnement : le soleil, le froid, la pluie et les blessures.

Certains travailleurs portent des vêtements aux caractéristiques particulières qui visent à les protéger contre les risques propres à leur milieu de travail.

Des vêtements pour toutes les occasions

Pour souligner les grandes occasions, les gens portent des tenues spéciales. En effet, on ne s'habille pas de la même manière pour aller travailler, pour faire du sport ou pour assister à un mariage. En fait, pour chaque occasion dans la vie d'un individu, il existe un vêtement approprié. Par exemple, une robe de mariée est différente de celle du bal de fin d'études ou d'un déguisement pour la fête de l'Halloween. Dans notre société, il existe des conventions sociales acceptées ou non, respectées ou non.

10.12 De nombreux métiers nécessitent des vêtements protecteurs.

10.13 Le bal de fin d'études : une occasion très importante pour un grand nombre d'adolescents.

Un moyen d'expression

Il existe d'autres aspects des fonctions utilitaires des vêtements : l'utilisation du vêtement comme moyen de séduire ou d'attirer les regards, de se sentir bien dans sa peau, de s'affirmer comme une personne unique. Au cours de sa vie, chaque personne développe ses propres idées au sujet de l'utilité et de l'importance des vêtements. Il s'agit d'une des formes d'affirmation de soi, de ses valeurs, de ses croyances et de ses convictions.

10.14 *Monsieur Desgoutte, commissaire général de la marine, et Mademoiselle Lévignen*, Louis Carrogis, 18e siècle.

La fonction symbolique du vêtement

Les vêtements ne sont pas uniquement portés pour ce qu'ils sont, mais pour ce qu'ils représentent. En choisissant un type de vêtement, on affirme sa personnalité et ses valeurs profondes. Les vêtements montrent l'appartenance à une classe sociale, à une ethnie, et parfois, à une tradition religieuse.

Le vêtement sacré dans le catholicisme

Le code vestimentaire des membres du clergé catholique est très précis. Les tissus, les couleurs, les coupes et les accessoires sont très différents pour un prêtre, un cardinal, un évêque ou pour le pape.

Le vêtement sacré dans le judaïsme

Dans le judaïsme, la kippa et le tallit sont des vêtements sacrés portés par les hommes.

La kippa est une calotte que les hommes portent sur la tête. Certains hommes la portent seulement pour la prière, alors que d'autres préfèrent la porter en tout temps. Quant au tallit, c'est un châle de prière en laine, en lin ou en soie. Ce sont habituellement les hommes qui le portent, mais certaines femmes le portent également.

Le vêtement sacré dans l'islam

Dans l'islam, il n'y a ni prêtre ni vêtement sacré. Mais le vêtement peut avoir une portée religieuse dans la vie de tous les jours. Il doit refléter le devoir de modestie qui incombe aux hommes aussi bien qu'aux femmes. Certaines femmes portent le hijab (voile ou foulard) comme signe de piété et de modestie, mais d'autres femmes musulmanes choisissent de ne pas le porter.

Le vêtement prend une signification religieuse toute particulière au moment du pèlerinage à La Mecque. Qu'ils soient hommes ou femmes, blancs ou noirs, riches ou pauvres, les pèlerins revêtent tous une simple tunique blanche, ce qui symbolise et renforce le sentiment d'égalité et de fraternité.

10.15
La chasuble et l'aube portées par les prêtres lors de certains rites catholiques. Le mot « aube » provient du mot latin *alba*, qui signifie « blancheur ». La couleur blanche symbolise la pureté et la résurrection du Christ.

10.16
La kippa et le tallit portés par les juifs. La kippa est symbole de reconnaissance de la présence divine. Alors que le tallit permet aux croyants de se rappeler qu'ils doivent obéir aux commandements de Dieu.

10.17
Des jeunes filles musulmanes portant le hijab. Le voile est un symbole de modestie et de piété.

L'histoire des vêtements et leurs fonctions

L'histoire du vêtement

pages 153 et 154

1. Décrivez un élément du texte qui vous a plu particulièrement et expliquez pourquoi.

   _____

   _____

   _____

2. Peut-on dire que les vêtements ont évolué sans cesse au cours des siècles et des millénaires? Expliquez votre réponse.

   _____

   _____

   _____

   _____

3. a) Que pensez-vous du fait qu'à une certaine époque, on habillait et coiffait les très jeunes garçons comme des petites filles?

   _____

   _____

   _____

   _____

   b) Sur quelles valeurs repose votre réponse?

   _____

   _____

4. a) Que pensez-vous de l'interdiction du port du pantalon pour la femme?

   _____

   _____

   _____

   b) Sur quelles valeurs repose votre réponse?

   _____

   _____

Dossier 10 · Être ou paraître?

5. Que pensez-vous du fait que les types de vêtements se ressemblent de plus en plus sur la planète ?

_____

_____

_____

_____

Les fonctions des vêtements

pages 155 et 156

6. Expliquez deux fonctions des vêtements et donnez un exemple de vêtement en lien avec chacune.

_____

_____

_____

_____

7. Nommez un vêtement ou un accessoire qui vous est cher. Expliquez ce qu'il représente pour vous.

_____

_____

_____

_____

8. Indiquez ce que vous retenez de la fonction symbolique du vêtement dans les traditions religieuses.

_____

_____

_____

_____

9. Nommez un vêtement qui joue un rôle symbolique important dans une tradition religieuse de votre choix.

_____

_____

_____

_____

Le regard des autres : une limite à la liberté ?

Est-ce possible d'être totalement libres dans le choix de nos vêtements et de rester indifférents au regard des autres ? La liberté des individus n'est-elle pas limitée par leur besoin d'être acceptés par les autres ?

D'une part, les gens semblent être tentés de ressembler aux autres, tout en souhaitant être différents. D'autre part, la mode fixe les balises de ce qui est acceptable dans la façon de s'habiller. Ces balises changent souvent : ce qui est à la mode aujourd'hui sera bientôt démodé. L'obligation de suivre la mode est-elle une entrave à la liberté ?

La mode chez les marginaux

Les marginaux refusent catégoriquement les idées, les valeurs et les normes du plus grand nombre. Ils sont souvent victimes de préjugés et font face à certaines formes de rejet. Les marginaux s'expriment par leurs vêtements. Mais ces marginaux suivent-ils une autre forme de mode et de contrainte en ce qui a trait aux vêtements qu'ils peuvent ou doivent porter ? Ces personnes répondent-elles à d'autres normes afin d'être acceptées par les gens qui les entourent ?

L'industrie de la mode récupère parfois certains éléments des mouvements marginaux. En effet, la mode puise souvent son inspiration dans la <u>contre-culture</u>, qui devient un peu plus tard une tendance.

Le mouvement punk

Le mouvement punk est né au milieu des années 1970. Ce mouvement prône un rejet des valeurs du système capitaliste. Excentricité, provocations, piercings et tatouages, slogans revendicateurs sont autant de moyens d'attirer les regards.

Selon vous, quelles sont les influences du mouvement punk sur la mode d'aujourd'hui ?

10.18
Le mouvement punk est né en Angleterre dans les années 1970.

Le mouvement hippie

Le mouvement hippie est apparu dans les années 1970 en réaction à la société de consommation et au capitalisme. Les adeptes de ce mouvement prônaient la non-violence, l'entraide sociale et la liberté individuelle.

Selon vous, quelles sont les influences du mouvement hippie sur la mode d'aujourd'hui ?

10.19
Le mouvement hippie a fait de nombreux adeptes dans les pays occidentalisés.

La mode à l'adolescence

Quelle est l'importance de la mode à l'adolescence ? Du regard des autres ? Est-ce le moment de se démarquer ou de faire comme les autres ?

Témoignages d' adolescents

« La mode, c'est contraignant. Avant, je pensais tout le temps à mon apparence. Je ne voulais pas déplaire. J'étais toujours en train de me regarder dans le miroir. Je suis moins stressée depuis que j'ai compris qu'on ne peut jamais plaire à tout le monde. »

Karen, 16 ans.

« Moi, j'aime le style « rapper », mais je trouve que les vêtements coûtent cher. Je reçois parfois des vêtements en cadeau. Ce n'est pas une priorité dans ma vie. »

Carlos, 14 ans.

« Les gens me décrivent comme une « gothique- métalleuse ». Je me décris comme étant moi-même. Mon style, c'est ma façon de m'exprimer, de montrer qui je suis réellement. »

Claudie, 15 ans.

« Avec mes amis, on est des « skaters ». On a un style qui nous ressemble. On a d'ailleurs un signe distinctif pour notre groupe d'amis : on porte tous le même bracelet en tissu. On est bien ensemble, entre amis. »

Simon, 13 ans.

« J'aime bien suivre la mode et aller dans les magasins populaires. J'aime voir les nouveautés dans les revues et les magasins ; c'est comme un jeu, une façon de s'exprimer, de rêver. »

Roxanne, 13 ans.

Une identité à construire

L'adolescence est une période de grands changements dans la vie d'une personne, tant sur le plan physique que psychologique. Le corps subit d'importantes transformations. La personnalité aussi.

Tous ces changements exigent une très grande capacité d'adaptation. C'est une période de recherche de son identité propre.

Pour en savoir plus sur les changements qui surviennent à l'adolescence, consultez le compagnon Web *Vivre ensemble* :
www.erpi.com/vivreensemble.cw

Vivre ensemble 1

Le vêtement : un lien avec les autres

Le vêtement est un moyen de façonner son identité et de tester des identités potentielles. Les gens réagissent d'abord à l'image qu'on projette. Les choix vestimentaires que l'on fait sont porteurs de significations pour les autres. Les vêtements suscitent des commentaires positifs ou négatifs.

Le défi d'une personne autonome est d'arriver à faire des choix vestimentaires personnels et d'assumer les réactions que provoquent ces choix dans l'entourage. On ne peut pas plaire à tout le monde, mais il faut trouver l'équilibre entre la saine affirmation de soi et le besoin de reconnaissance des autres.

Trouver un style, c'est trouver un clan

À l'adolescence, la mode est un moyen de marquer sa différence face au monde des adultes. C'est aussi une façon de s'identifier à certains groupes de jeunes. Qu'ont en commun les personnes qui adoptent des styles vestimentaires, comme les *emos*, les punks, les gothiques, les *skaters*, les hip-hop, les *metals* ? Partager un style commun, c'est partager une culture, des valeurs, des goûts, des visions du monde et des intérêts communs. Ne dit-on pas : « Qui se ressemble, s'assemble » ?

10.20

Jeune fille de style « hip-hop ».

10.21

Adolescents de styles vestimentaires variés.

Le port de l'uniforme dans le milieu scolaire

La question de la tenue vestimentaire des adolescents à l'école soulève beaucoup de passion. L'uniforme scolaire dans les écoles publiques est un sujet d'actualité au Québec. En 2006, de nombreuses écoles publiques ont d'ailleurs imposé l'uniforme à plus de 10 000 élèves, uniquement sur l'île de Montréal. Les avis sont partagés. Face à plusieurs problèmes que vivent les écoles, l'uniforme apparaît à certains comme une solution. D'autres y sont fermement opposés. Qu'en est-il exactement ?

Pour en savoir plus sur l'uniforme dans le milieu scolaire, consultez le compagnon Web *Vivre ensemble* :

www.erpi.com/vivreensemble.cw

Quelques arguments pour l'uniforme obligatoire

- Plus d'harmonie entre les élèves. Diminution de la discrimination et des conflits en raison des groupes formés selon des modes vestimentaires.

- Diminution de la pression financière chez les parents pour l'achat de vêtements à la mode.

- Augmentation de la sécurité à l'école : moins de taxage, repérage plus facile des intrus.

- Plus grand sentiment d'appartenance à l'école, ce qui augmenterait la motivation et la réussite scolaire.

10.22 L'uniforme obligatoire : pour ou contre ?

Quelques arguments contre l'uniforme obligatoire

- Entrave à la liberté d'expression et au développement de l'identité.

- Injustice par l'imposition d'une contrainte pour tous en raison du comportement inapproprié de quelques-uns.

- Incompatibilité avec les valeurs du reste de la société qui n'impose pas d'uniformes pour toutes les occasions.

- Augmentation des coûts pour les plus démunis, alors que l'école doit être gratuite.

Le regard des autres

Le regard des autres : une limite à la liberté ?

page 159

1. Selon vous, est-ce possible d'être totalement libre de choisir les vêtements qu'on désire porter ? Expliquez votre réponse.

_____
_____
_____

2. Expliquez votre position par rapport au regard des autres sur votre tenue vestimentaire.

_____
_____
_____

La mode à l'adolescence

pages 160 et 161

3. Expliquez votre position par rapport à la mode ou à certains types de modes.

_____
_____
_____

4. Quel est le lien entre votre façon de vous habiller et votre identité ?

_____
_____
_____

5. Expliquez l'affirmation suivante : « Notre liberté de nous exprimer par les vêtements est limitée par le regard des autres. »

_____
_____
_____

Le port de l'uniforme dans le milieu scolaire

page 162

6. Donnez votre opinion au sujet de l'uniforme en milieu scolaire. Expliquez votre réponse en rédigeant deux arguments.

_____
_____
_____

Délibérons !

Imaginez la situation suivante.

La direction de votre école songe à imposer un uniforme scolaire. Un sondage a permis de découvrir l'opinion des parents. Voici les résultats :

10.23 L'opinion des parents au sujet du port de l'uniforme scolaire.

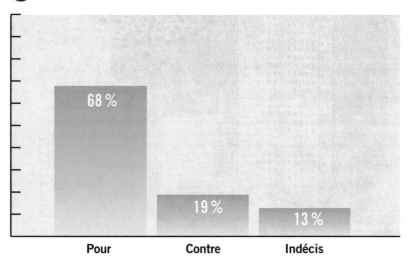

| Pour | Contre | Indécis |

À la suite de cette consultation, les membres du conseil étudiant sont invités à réfléchir à ce sujet et à présenter la position du conseil étudiant à la prochaine réunion du conseil d'établissement. C'est le conseil d'établissement qui a le pouvoir de modifier la réglementation de l'école et de décider d'imposer le port de l'uniforme pour l'an prochain.

Imaginez que vous faites partie du conseil étudiant et que vous devez vous préparer pour la délibération avec les autres membres du conseil étudiant. Pour ce faire, vous devrez remplir la fiche de préparation à la délibération aux pages 165 et 166.

Au besoin, consultez la Boîte à outils, aux pages 207 et 210.

Cette fiche vous permettra :

- de résumer votre position sur le port de l'uniforme en incluant les raisons qui justifient votre position ;

- de noter suffisamment d'éléments importants, des faits et des arguments pour appuyer votre position. Vous pouvez vous aider en vous inspirant des arguments des pages 159 à 162 ;

- d'indiquer les conséquences de votre position sur les personnes et sur le vivre-ensemble ;

- d'indiquer les compromis qui sont envisageables pour arriver à une décision commune.

Vivre ensemble 1

Fiche de préparation à la délibération

Ma position face au port de l'uniforme à l'école :

Les valeurs sur lesquelles s'appuie cette position :

Les arguments, les faits et les statistiques qui soutiennent cette position :

Les conséquences positives de cette position pour la personne et pour le vivre-ensemble :

Les conséquences négatives de cette position pour la personne et pour le vivre-ensemble :

Les compromis possibles afin de s'entendre sur une décision commune :

atelier du dialogue

1. Notez un jugement de préférence tiré de votre fiche de préparation à la délibération.

2. Notez un jugement de réalité tiré de votre fiche de préparation à la délibération.

3. Cochez le type de jugement contenu dans chaque phrase ci-dessous.

A. La mode, c'est pour ceux qui n'ont pas d'idées.
❏ Jugement de préférence
❏ Jugement de prescription
❏ Jugement de réalité
❏ Jugement de valeur

Au besoin, consultez la Boîte à outils, à la page 212.

B. Les jeunes doivent s'habiller décemment pour aller à l'école.
❏ Jugement de préférence
❏ Jugement de prescription
❏ Jugement de réalité
❏ Jugement de valeur

Vivre ensemble 1

Bilan du dossier 10

Dans ce dossier, vous avez réfléchi au rôle que jouent les vêtements et la mode dans la vie des êtres humains. Vous avez abordé
le sujet sous différents angles : les valeurs, la liberté, l'autonomie
et les expressions du religieux.

1. Après avoir lu le dossier 10, pensez-vous que les vêtements et la mode sont importants
   dans la société québécoise ? Expliquez votre réponse.

   _____

   _____

   _____

   _____

2. a) Quels sont les aspects des vêtements qui peuvent favoriser le vivre-ensemble ?

   _____

   _____

   _____

   _____

   b) Quels sont les aspects des vêtements qui peuvent nuire au vivre-ensemble ?

   _____

   _____

   _____

   _____

3. À l'aide d'un trait, reliez vêtement, tradition religieuse et symbolisme.

Vêtement	Tradition religieuse	Symbolisme
chasuble et aube	judaïsme	pureté et résurrection du Christ
kippa	christianisme	reconnaissance de la présence de Dieu
tallit	islam	modestie et piété
hijab		obéissance aux commandements de Dieu

Dossier 10 · Être ou paraître ?

4. Feuilletez l'ensemble de votre cahier afin de repérer des vêtements qui ont une valeur symbolique dans une ou l'autre des traditions religieuses.

_____

_____

5. Cochez la définition du mot « délibération ».

☐ Rencontre entre quelques personnes choisies pour leurs connaissances sur une question donnée afin d'exposer leurs points de vue respectifs, de dégager une vision d'ensemble et d'échanger avec un auditoire.

☐ Examen avec d'autres personnes des différents aspects d'une question (des faits, des intérêts en jeu, des normes et des valeurs, des conséquences probables d'une décision, etc.) pour en arriver à une décision commune.

6. Avez-vous trouvé une réponse à la question que vous vous posiez avant de lire le dossier (question n° 6, à la page 151) ?

_____

_____

_____

7. Après la lecture du dossier, votre opinion sur les vêtements et la mode a-t-elle changé ? Expliquez votre réponse.

_____

_____

_____

10.24 La mode fait parfois sourire, surtout lorsqu'elle est jugée « démodée ».

10.25 Les vêtements traditionnels sont-ils en voie de disparition ?

Boîte à outils

1. Réfléchir sur des questions éthiques

Pour se familiariser avec la diversité des valeurs et des normes présentes dans la société québécoise d'aujourd'hui.

Comment ANALYSER une situation d'un point de vue éthique

Décrire et **mettre en contexte** la situation à analyser

- De quoi s'agit-il ?
- Quelles personnes ou quels organismes font partie de la situation ? Quel est leur rôle ?
- Cette situation est-elle un sujet d'actualité ? Soulève-t-elle les discussions depuis longtemps ?
- La situation concerne-t-elle le Québec, le Canada ou un autre pays du monde ?
- Quelles sont les causes et les conséquences de cette situation ?

Pour décrire, expliquer et comparer, voir les pages 209 et 210.

Expliquer des tensions ou des conflits de valeurs

- Quels aspects de cette situation mènent à la discussion ou opposent des valeurs ?
- Quelles sont les causes ou les origines de ces tensions ou de ces conflits de valeur ?

Formuler une question éthique se rapportant à la situation étudiée

- Quelles sont les valeurs et les normes présentes dans cette situation ?
- Rédigez une phrase ou une question qui suscite la réflexion sur la situation.

Comparer la situation à d'autres situations similaires

- Connaissez-vous des situations qui ressemblent à celle que vous analysez ?
- Consultez des camarades, vos parents, des personnes-ressources, des journaux, des revues et Internet.
- Résumez les situations en quelques mots (brève description, contexte, valeurs en cause).
- Trouvez les éléments comparables. Quelles sont les différences et les ressemblances entre les situations ?

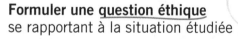

Comparer des points de vue

- Connaissez-vous des points de vue différents sur le même sujet ?
- Consultez des camarades, vos parents, des personnes-ressources, des journaux, des revues et Internet.
- Notez quelques mots clés résumant le point de vue et les raisons qui le justifient.
- Trouvez les éléments que vous pouvez comparer. Quelles sont les différences et les ressemblances entre les points de vue ?

Comment **EXAMINER** une diversité de repères d'ordre culturel, moral, religieux, scientifique ou social

Trouver les principaux <u>repères</u> présents dans différents points de vue

- Quels liens pouvez-vous faire entre certains éléments présents dans les points de vue ? Par exemple :
  - des coutumes, des façons de vivre, des façons de se comporter dans une société, des œuvres d'art, des textes publiés ;
  - des valeurs morales ;
  - des règles religieuses ;
  - des preuves scientifiques ;
  - des valeurs mises en avant dans la société, dans les institutions.

Considérer d'autres repères

- Y a-t-il d'autres liens que vous pouvez faire avec des coutumes, des valeurs, des règles religieuses, des preuves scientifiques, des valeurs sociales ?
- Quels sont le rôle et le sens de ces repères ?

Comparer le sens des principaux repères dans différents contextes

- Quels repères sont les plus pertinents par rapport à la situation ?
- Que se passerait-il si ces repères apparaissaient dans d'autres situations ?
- Faites ressortir les différences et les ressemblances pour chaque repère, selon le contexte dans lequel il se trouve.

Rechercher le rôle et le sens des principaux repères

- Quel rôle joue chaque repère ?
- Pourquoi est-il utilisé ?
- Dans quel contexte se trouve-t-il ?
- Quelle est la signification de ce repère ? Est-elle religieuse ou culturelle ?

Comment **ÉVALUER** des options ou des actions possibles

Proposer des options ou des actions possibles

- Que feriez-vous dans une telle situation ?
- Que feraient d'autres personnes, dans cette même situation ?
- Que suggéreraient certains organismes ?
- Quelle serait la position des autorités ?

Sélectionner des options ou des actions qui favorisent le vivre-ensemble

- Quelles solutions favorisent la vie en société ?
- Quelles solutions touchent le plus de gens possible ?
- Quelles solutions sont perçues de manière positive ?
- Quelles solutions sont rassembleuses ?

Faire un retour sur la façon dont on est parvenu à ces choix

- L'analyse de la situation a-t-elle été faite correctement ?
- Auriez-vous pu faire autrement ?
- Avez-vous examiné suffisamment de repères ?
- Auriez-vous pu trouver d'autres réponses ?
- Établissez une liste des points forts et des points faibles de votre démarche.

Examiner des effets de ces options ou actions sur soi, sur les autres ou sur la situation

- Quelles seraient les conséquences sur vous-même ?
- Quelles seraient les conséquences sur les autres ?
- Quelles seraient les conséquences sur la situation ?

Boîte à outils

171

2. Manifester une compréhension du phénomène religieux

Pour mieux connaître les différentes traditions religieuses de la société québécoise et du monde entier, d'hier à aujourd'hui.

Comment ANALYSER des expressions du religieux

Décrire et **mettre en contexte** des expressions du religieux à analyser

- De quelle expression du religieux s'agit-il ?
- Avec quelle personne ou quel groupe de personnes cette expression du religieux a-t-elle un lien ?
- Cette expression du religieux est-elle traditionnelle ou moderne ?
- Cette expression du religieux concerne-t-elle le Québec, le Canada ou un autre pays du monde ?
- Comment cette expression du religieux fait-elle partie de la vie quotidienne ? À quelle occasion entre-t-elle en scène ?
- Fait-elle partie de votre environnement ? Où se trouve-t-elle ?

Rechercher la signification et la fonction des expressions du religieux

- Que représentent ces expressions du religieux ?
- Quelle est leur origine ?
- Quel est le sens de ces expressions du religieux ?
- Quel rôle jouent-elles ?
- Quelles sont les valeurs représentées par ces expressions du religieux ?
- Est-ce qu'il s'agit de règles morales ou de normes ?

Faire un retour sur vos découvertes et vos explications

- L'analyse de l'expression du religieux a-t-elle été faite correctement ?
- Auriez-vous pu faire autrement ?
- Avez-vous examiné suffisamment d'expressions du religieux ?
- Résumez en vos propres mots ce que vous avez appris sur les expressions du religieux.

Établir des liens entre ces expressions du religieux et différentes traditions religieuses

- À quelle tradition religieuse appartiennent ces expressions du religieux ?
- Ressemblent-elles à d'autres expressions du religieux ?
- Ont-elles des points communs avec des expressions du religieux d'autres traditions ?
- Quelles sont les différences et les ressemblances entre ces expressions du religieux ?

Comment ÉTABLIR DES LIENS entre des expressions du religieux et l'environnement social et culturel

Repérer des <u>expressions du religieux</u> dans l'espace et dans le temps

- Dans quelle partie du monde, dans quel environnement se trouvent les expressions du religieux ?
- À quel moment se manifestent les expressions du religieux ?
- Ces expressions existent-elles depuis longtemps ?

Rattacher des expressions du religieux à des éléments de l'environnement social et culturel d'ici et d'ailleurs

- Quel objet, signe, symbole, rite, fête, œuvre d'art à caractère religieux retrouvez-vous autour de vous ? dans le paysage culturel du Québec ? ailleurs ?
- Les expressions du religieux peuvent-elles être associées à des éléments culturels, comme des traditions, des arts, des façons de faire les choses ?

Rechercher la signification et la fonction des expressions du religieux dans la vie des individus et des groupes

- Qu'apportent les expressions du religieux aux individus, aux groupes ?
- À quoi servent-elles ?

Examiner ce qu'elles ont en commun et ce qui les distingue

- Quelles sont les différences et les ressemblances entre ces expressions du religieux ?
- Quelles personnes ou quels groupes sont concernés par ces expressions du religieux ?

Faire un retour sur vos découvertes et vos réflexions

- Maintenant que vous avez établi des liens entre des expressions du religieux et la société, quelles questions vous posez-vous ?
- Qu'avez-vous appris de nouveau ?

Comment EXAMINER une diversité de façons de penser, d'être et d'agir

Étudier diverses façons de penser, d'être ou d'agir à l'intérieur d'une même tradition ou entre plusieurs traditions religieuses

- Comment se vivent les traditions religieuses dans la société d'aujourd'hui ?
- Quels sont les différents comportements, les actions, les gestes et les manières de s'exprimer associés à l'une ou l'autre des traditions religieuses : à la maison ? à l'école ? dans les endroits publics ?
- En quoi ces comportements, actions, gestes et manières de s'exprimer sont-ils semblables ou différents d'une tradition religieuse à l'autre ?

Reconnaître des effets de différents comportements sur la vie en société

- Quels sont les effets, sur la vie en société, des comportements associés aux traditions religieuses ? Favorisent-ils :
  - une ouverture sur les autres ?
  - l'égalité entre les personnes ?
  - le respect et la dignité ?
  - le respect des droits et libertés des personnes ?
  - la protection et l'épanouissement des personnes ?
  - le vivre-ensemble ?

Étudier différentes façons de penser, d'être ou d'agir dans la société

- Quels sont les comportements, les actions, les gestes et les manières de s'exprimer généralement acceptés par la société : à la maison ? à l'école ? dans les endroits publics ?

Boîte à outils

173

3. Pratiquer le dialogue

Pour apprendre à faire progresser le dialogue.

Comment INTERAGIR avec les autres

Prendre conscience de ce que l'objet du dialogue suscite en soi

- Comment réagissez-vous au sujet dont il est question ?
- Comment réagissez-vous quand quelqu'un n'est pas d'accord avec votre point de vue ? Est-ce que :
  - cela vous fâche ?
  - son argumentation pique votre curiosité ?
  - vous faites comme si vous ne l'aviez pas entendu ?
  - vous changez d'idée ?
- Les idées des autres doivent-elles nécessairement s'accorder à vos valeurs et à vos croyances ?

Rechercher des conditions favorables au dialogue

- Êtes-vous capable de garder le silence lorsqu'une autre personne parle ?
- Posez-vous des questions ?
- Manifestez-vous de l'ouverture et du respect à l'égard de ce qui est exprimé ?
- Prenez-vous le temps de nuancer, d'éclaircir ou de bien exprimer votre point de vue ?
- Évitez-vous les conclusions hâtives, les jugements (voir page 212) et les procédés susceptibles d'entraver le dialogue (voir pages 213 à 218) ?

Exprimer son point de vue et **écouter attentivement** celui des autres

- Êtes-vous capable d'exprimer votre opinion sur un sujet donné en respectant les autres ?
- Faites-vous l'effort de comprendre les opinions différentes des vôtres ?
- Écoutez-vous attentivement les propos d'une personne pour en décoder le sens ?

Formuler des questions de clarification

- Posez-vous des questions lorsque quelque chose ne vous semble pas clair ?
- Les arguments sont-ils logiques ?
- Manque-t-il des informations ?

Expliquer des points de vue en s'appuyant sur des arguments pertinents et cohérents

- Les points de vue exprimés reposent-ils sur des faits vérifiables ?
- Énoncez-vous vos propos de manière structurée ?
- Évitez-vous les jugements et les procédés susceptibles d'entraver le dialogue quand vous énoncez votre point de vue ?

Mettre en application des moyens pour remédier aux difficultés

- Avez-vous éprouvé des difficultés au moment d'énoncer votre point de vue ?
- Pouvez-vous formuler votre point de vue autrement ?
- Êtes-vous à l'écoute des autres ?
- Vos propos étaient-ils respectueux ?
- Connaissiez-vous assez votre sujet avant d'exprimer votre point de vue ?

Comment **ORGANISER** sa pensée

Cerner l'objet du dialogue

- De quoi est-il question ?
- Quel est l'objectif de l'activité ?

Faire le point sur ses réflexions

- Êtes-vous capable de résumer en vos propres mots ce que vous avez appris sur le sujet traité ?

Distinguer l'essentiel de l'accessoire dans les points de vue énoncés

- Quelle est l'idée principale de ce point de vue ?
- Quelles sont les idées moins importantes de ce point de vue ?

Établir des liens entre ce qu'on découvre et ce qu'on connaît

- Qu'avez-vous appris ?
- Êtes-vous en mesure d'intégrer ces nouvelles notions à votre apprentissage ?

Comment **ÉLABORER** un point de vue étayé

Utiliser ses ressources et chercher de l'information sur l'objet du dialogue

- Avez-vous consulté des ouvrages de référence ou des sites Internet fiables pour trouver de l'information ?
- Avez-vous discuté de votre sujet avec vos parents, enseignants, camarades et spécialistes ?
- Avez-vous noté les sources utilisées ?

Valider son point de vue

- Avez-vous vérifié auprès d'une personne que votre point de vue est compréhensible ?
- Avez-vous trouvé de l'information sur votre sujet et votre point de vue dans des ouvrages de référence ?

Envisager différentes hypothèses

- Quels sont les autres points de vue possibles ?

Anticiper des objections et des clarifications à apporter

- Connaissez-vous l'argumentation contraire à la vôtre ?
- Quels points vos camarades pourraient-ils vous demander d'éclaircir ?
- Comment réagissez-vous si quelqu'un est blessé par vos propos ?

Approfondir sa compréhension de différents points de vue

- Quel serait le point de vue contraire au vôtre ?
- Vos propos traitent-ils d'éthique ou de culture religieuse ? Les propos des autres ?
- Quelles sont les différences et les ressemblances entre vos propos et ceux des autres ?

Ébaucher un point de vue

- De quel sujet est-il question ?
- Que connaissez-vous sur le sujet ?
- Comment pouvez-vous aborder ce sujet pour qu'il reflète vos valeurs et vos croyances ?
- Prenez-vous position ? Définissez-vous votre position ?
- Donnez-vous au moins trois arguments appuyant votre position ?
- Quelles sont les valeurs ou les croyances sur lesquelles repose votre point de vue ?

Revenir sur la démarche

- L'analyse de votre point de vue a-t-elle été faite correctement ?
- Auriez-vous pu faire autrement ?
- Avez-vous examiné et compris tous les points de vue possibles ?
- Établissez une liste des points forts et des points faibles de votre démarche.

Boîte à outils

La culture religieuse

Cette partie de la Boîte à outils *propose une vue d'ensemble de quelques-unes des religions du monde qu'on retrouve au Québec. Cette synthèse permet de les situer dans le temps, d'apprendre le nom de leurs fondateurs, leur répartition dans le monde, leurs croyances, leurs rites, leurs fêtes, leurs règles de conduite, leur organisation, leur façon de transmettre la foi, la place qu'elles accordent aux femmes, leur implantation et leur importance relative en fonction de la population de chaque région administrative du Québec.*

Un Dieu, trois religions

Il y a dans le monde trois grandes religions monothéistes : le judaïsme, le christianisme et l'islam. Ces trois religions se réfèrent en effet au même Dieu unique et universel. Qu'il soit appelé Yahvé en hébreu, Dieu en français ou Allah en arabe, il s'agit du même Tout-Puissant, créateur du monde. C'est pour cette raison que le premier être humain à le reconnaître, Abram ou Abraham ou Ibrahim, est qualifié de « Père des croyants ».

On trouve ainsi la parole de Dieu dans les textes sacrés de ces religions, entre autres dans la Torah (judaïsme) dans la Bible (christianisme) et dans le Coran (islam).

Chronologie

-30 000 à -15 000	Arrivée des premières populations de chasseurs et de leurs pratiques animistes en Amérique. Fondement des spiritualités amérindiennes.
-1812	Alliance de Yahvé avec Abraham. Fondement du judaïsme.
v. -1500	Début de l'écriture des Veda. Fondement de l'hindouisme.
-1000	Arrivée des premiers ancêtres des Inuits et de leurs pratiques animistes. Fondement de la spiritualité inuite.
-523	Par son éveil, Siddhartha Gautama devient le Bouddha. Fondement du bouddhisme.
v. 65 à v. 120	Récits de la vie, de la crucifixion et de la résurrection de Jésus-Christ. Fondement du christianisme.
610	Le Prophète Muhammad reçoit de Dieu les premières révélations du Coran. Fondement de l'islam.
1517	Critique du christianisme catholique par Martin Luther. Fondement du christianisme protestant.
1529	Rupture d'Henri VIII d'avec l'Église de Rome. Fondement de l'anglicanisme.

B.1

Giovanni Francesco Guercino (1591-1666), *Abraham renvoyant Agar*, détail, peinture.

B.2 Les religions juive, chrétienne et musulmane considèrent toutes Jérusalem comme un lieu saint.

Le christianisme au Québec

À son arrivée en 1534, Jacques Cartier n'a pas seulement planté une croix en terre, mais il y a aussi semé une foi. Cette foi, profondément implantée par les missionnaires, rend en effet possible la colonisation française et catholique en Amérique. Cette religion y a fondé à son tour des paroisses où se sont construites les premières églises. Elle y a créé des écoles, des hôpitaux et de nombreux lieux d'entraides dirigés par les communautés religieuses.

Surtout catholique au début, la société de la colonie a par la suite accueilli les chrétiens protestants et les chrétiens orthodoxes. Ensemble, ils ont contribué à développer le territoire.

Ces trois visages du christianisme ont de grands points en commun : ils croient en un même Dieu et en un même Jésus, fils de Dieu, sauveur du monde. Les trois enseignent l'amour de Dieu et du prochain. Enfin, le baptême et l'eucharistie sont au cœur de leur foi.

La pluralité religieuse

Au Québec, la foi se conjugue au pluriel. En effet, sur ses 7 millions d'habitants, 6 712 400 déclarent appartenir à une religion, de près ou de loin ! Le tableau qui suit fournit les données sur la présence de certaines traditions religieuses au Québec.

B.3 Présence de certaines traditions religieuses au Québec

Tradition religieuse	Population	%
Catholique	5 939 705	83,4
Protestante	335 595	4,7
Orthodoxe chrétienne	100 370	1,4
Musulmane	108 605	1,5
Juive	89 945	1,3
Bouddhiste	41 430	0,6
Hindoue	24 515	0,3
Sikh	8 225	0,1
Autres religions	64 000	0,9
Aucune appartenance religieuse	413 190	5,8
Total	7 125 580	100

Source : D'après les données fournies par l'Institut de la statistique du Québec, recensement 2001.

Dans les pages suivantes, pour chaque tradition religieuse présentée, un tableau fournit les données par région administrative du Québec.

La carte des régions administratives du Québec se trouve à la page 205.

Boîte à outils

Le catholicisme

Fondateur
Jésus-Christ en est le fondement ; les apôtres et Paul de Tarse sont les pierres de fondation.

Symbole principal
Le crucifix (où Jésus est en croix).

Nom du divin
Dieu (en trois personnes, Père, Fils et Saint-Esprit).

Nom des croyants
Les catholiques. Principales divisions : catholiques romains, catholiques de rite byzantin (Ukrainiens, Roumains, Melkites), catholiques de rite arménien (Arméniens), catholiques de rite alexandrin (Coptes et Éthiopiens), catholiques de rite syrien occidental (Maronites, Malankars), catholiques de rite syrien oriental (Malabars, Chaldéens).

Texte sacré
La Bible (l'Ancien Testament et le Nouveau Testament).

Lieux saints
Tous les lieux importants dans la vie de Jésus sont devenus des lieux importants pour de nombreux croyants (Bethléem, Jérusalem, etc.).

Lieux de culte
Église, chapelle, basilique, cathédrale, oratoire.

Chronologie

v. 6 avant notre ère	Naissance de Jésus.
v. 30	Crucifixion et résurrection de Jésus-Christ.
45	L'apôtre Paul annonce l'Évangile en Asie Mineure.
v. 50 – 120	Rédaction des Évangiles (Matthieu, Marc, Luc, Jean) et des lettres de Paul.
v. 150	Apparition des premières images du Christ.
v. 320	Fondation du premier monastère.
325	Concile de Nicée où les bases de la foi chrétienne sont établies. On confirme la divinité de Jésus.
381	Concile de Constantinople.
385-406	Traduction de la Bible en latin par Jérôme.
451	Concile de Chalcédoine. On discute de la Trinité (Dieu Père, Fils, et Saint-Esprit). Quelques églises en désaccord quittent l'Église.
529	Création de l'ordre des bénédictins par Benoît de Nursie.
910	Fondation de l'abbaye de Cluny. Mille deux cents autres abbayes seront ensuite créées en deux cents ans.
1054	Séparation entre l'Église catholique et l'Église orthodoxe parce que les Églises de l'Est ne reconnaissaient pas l'autorité du pape.
1209	Fondation par saint François d'Assise de l'ordre des Frères mineurs.
1455	Impression de la première Bible par Gutenberg.
Entre 1541 et 1627	Arrivée des premiers chrétiens en Amérique.
1545-1563	Concile de Trente.
1870	Concile de Vatican I qui proclame l'infaillibilité du pape.
1962-1965	Concile de Vatican II afin de donner un deuxième souffle à l'Église.
1986	Rencontre à Assise entre les responsables des grandes religions du monde.
2005	Élection du pape Benoît XVI.

B.4
La basilique Saint-Pierre de Rome est l'église du pape, chef de l'Église catholique romaine.

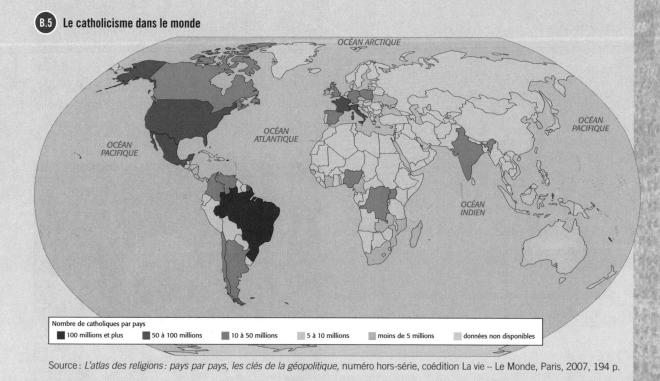

Nombre de catholiques par pays

■ 100 millions et plus ■ 50 à 100 millions ■ 10 à 50 millions ■ 5 à 10 millions ■ moins de 5 millions □ données non disponibles

Source : *L'atlas des religions : pays par pays, les clés de la géopolitique,* numéro hors-série, coédition La vie – Le Monde, Paris, 2007, 194 p.

Les croyances

Il existe un seul Dieu, présent partout de toute éternité, créateur de toutes choses. Un Dieu en trois personnes. Dieu aime ses créatures.

Jésus est le fils de Dieu, envoyé pour sauver les êtres humains du péché originel d'Adam et Ève au début du monde.

Jésus, par sa mort et sa résurrection, sauve les hommes de la mort et du péché. Ses deux commandements les plus importants : aimer Dieu, aimer son prochain.

La mère de Jésus, Marie, n'a pas connu le péché (doctrine de l'Immaculée-Conception).

Les rites

L'Église catholique a sept sacrements : le baptême, la confirmation, l'eucharistie, le pardon des péchés ou confession, l'onction des malades, le mariage et l'ordre (où un homme devient prêtre).

Les rites de la mort

Il y a messe à l'église, puis la personne défunte est enterrée dans un cimetière catholique ou incinérée.

B.6 Raphaël (1483-1520), *La résurrection de Jésus*, 16e s., peinture.

Les fêtes

Elles rappellent les moments importants dans la vie du Christ.

- Noël (25 décembre), commémore la naissance de Jésus.

- Épiphanie (6 janvier), rappelle que Jésus se manifeste au monde.

- Carême (mars-avril), correspond aux 40 jours que Jésus a passé au désert, et où il a subi la tentation.

- Pâques, précédée de la Semaine sainte (mars-avril), pour rappeler la crucifixion et fêter la résurrection de Jésus.

- Pentecôte (mai), commémore le don de l'Esprit-Saint aux apôtres.

Les règles

- Morales : les 10 commandements, les enseignements de Jésus-Christ (aimer Dieu et aimer son prochain), le divorce est interdit.

- Alimentaires : aucune, mais, pendant le carême, les croyants sont invités à se priver, à ne pas manger de viande et à jeûner le mercredi des Cendres et le Vendredi saint.

- Vestimentaires : aucune.

- Médicales : les moyens de contraception dits artificiels et l'avortement sont interdits, mais les moyens de contrôle des naissances dits naturels, le don d'organe et les transfusions sanguines sont permis.

B.7

Le sacrement de l'eucharistie a été institué par Jésus lors de la Cène. La communion rappelle son sacrifice.

L'organisation

L'Église catholique est fortement hiérarchisée. À sa tête se trouve le pape, chef de l'état du Vatican, à Rome. Suivent les cardinaux, les archevêques, les évêques, les prêtres, les moines, et les religieuses. Aucun religieux ne peut être marié.

B.8

Mère Teresa de Calcutta, béatifiée en 2003, a fondé la congrégation des Missionnaires de la charité.

La transmission de la foi

L'Église supporte les missionnaires dans différentes partie du monde. Ceux-ci sont chargés de répandre le message contenu dans les Évangiles.

La place de la femme

Le rôle de la femme dans l'histoire de l'Église a été variable. Marie, vierge et mère, est le modèle de la parfaite féminité. Les femmes ont une place importante, mais ne peuvent devenir prêtres.

B.9 Répartition des catholiques au Québec par région en 2001

Régions administratives	Population totale	Population catholique	%
01 Bas-Saint-Laurent	195 545	188 150	96,2
02 Saguenay–Lac-Saint-Jean	274 315	263 805	96,2
03 Capitale-Nationale	628 515	578 030	92,0
04 Mauricie	249 705	235 925	94,5
05 Estrie	279 705	242 975	86,9
06 Montréal	1 782 830	1 141 170	64,0
07 Outaouais	312 820	262 200	83,8
08 Abitibi-Témiscamingue	144 355	135 645	94,0
09 Côte-Nord	96 895	90 295	93,2
10 Nord-du-Québec	38 495	16 945	44,0
11 Gaspésie–Îles-de-la-Madeleine	95 465	88 595	92,8
12 Chaudière-Appalaches	376 575	358 715	95,3
13 Laval	339 000	274 925	81,1
14 Lanaudière	383 340	358 205	93,4
15 Laurentides	454 525	406 615	89,5
16 Montérégie	1 260 150	1 096 070	87,0
17 Centre-du-Québec	213 345	201 440	94,4
Le Québec	**7 125 580**	**5 939 705**	**83,4**

Source : D'après les données fournies par l'Institut de la statistique du Québec, recensement 2001.

B.10 L'architecture de la cathédrale Marie-Reine-du-Monde à Montréal rappelle celle de Saint-Pierre de Rome.

Le catholicisme au Québec

1534 Jacques Cartier prend possession du territoire en plantant une croix, au nom du Christ et du roi de France.

1615 Première messe catholique sur l'île de Montréal.

1637 Premier baptême d'un Amérindien adulte en Huronie.

1657 Premier évêque de Québec, François-Xavier de Montmorency-Laval.

1847 Inauguration de l'église catholique irlandaise St. Patrick.

1886 Mgr Elzéar-Alexandre Taschereau devient le premier cardinal canadien.

1910 Congrès eucharistique à Montréal, le premier en Amérique.

1910 Fondation des églises catholiques italiennes Notre-Dame-de-la-Défense, Notre-Dame-de-la-Consolata et Notre-Dame-de-Pompéi.

1924 Pose de la croix illuminée sur le mont Royal, à Montréal.

1933 Fondation de l'église catholique polonaise Notre-Dame-de-Czestochowa.

1982 Inauguration de l'église catholique haïtienne Notre-Dame d'Haïti.

1983 Au primaire et au secondaire, les élèves ont maintenant le choix entre le cours d'enseignement moral et religieux catholique et un cours de morale.

1986 Inauguration de l'église catholique portugaise Santa Cruz.

2008 Programme d'éthique et de culture religieuse obligatoire qui doit remplacer le choix entre un enseignement moral et religieux catholique ou protestant et un enseignement moral.

Boîte à outils

Le protestantisme et l'anglicanisme

Fondateur
Martin Luther en 1517.

Symbole principal
La Bible.

Nom du divin
Dieu.

Nom des croyants
Les protestants. Principales divisions : luthérienne, calviniste ; sous-divisions : anabaptiste, mennonite, puritaine ou congrégationaliste, presbytérienne, quaker, méthodiste, pentecôtiste, Renouveau charismatique.
Les anglicans.

Texte sacré
La Bible protestante (qui exclut les livres suivants de la Bible catholique : Tobit, Judith, 1 et 2 Maccabées, Sagesse, Ecclésiastique ou Siracide, Baruch).

Lieu saint
Aucun.

Lieu de culte
Le temple qui rappelle celui de Jérusalem. Il sert de lieu de prière et de rassemblement. Son style est variable : de la simple salle communautaire à l'immense cathédrale technologique.

Chronologie

1517 — Proclamation de la critique du moine allemand Martin Luther en 95 points contre l'Église catholique. Début du protestantisme.

1521 — Séparation du prêtre suisse Urlirch Swingli de l'Église catholique. Zurich devient protestante.

1525 — Naissance du mouvement anabaptiste en Suisse.

1534 — Fondation de l'Église d'Angleterre (anglicanisme).

1536 — Fondation du calvinisme par le prêtre français Jean Calvin.

1560 — Fondation de l'Église presbytérienne en Écosse par John Knox.

1581 — Naissance du mouvement du puritanisme ou congrégationalisme.

1646 — Fondation des quakers (Société des Amis) en Angleterre.

1730 — Naissance du mouvement méthodiste des frères Wesley.

1865 — Fondation de l'Armée du Salut.

1875 — Naissance de l'Alliance réformée mondiale qui réunit divers courants protestants.

Début du 20e siècle — Naissance du pentecôtisme aux États-Unis.

1910 — Création du mouvement œcuménique qui invite à la réunion de tous les chrétiens du monde.

1925 — Fondation de l'Église Unie du Canada.

1947 — Naissance de la Fédération luthérienne mondiale.

2001 — Signature de la Déclaration de Waterloo. Entente signée entre l'Église évangélique luthérienne et l'Église anglicane du Canada, visant à réaliser l'unité de « toute l'Église de Dieu ».

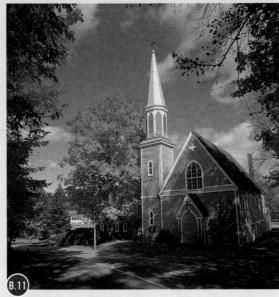

B.11
Les temples et les églises protestants présentent souvent une architecture très simple.

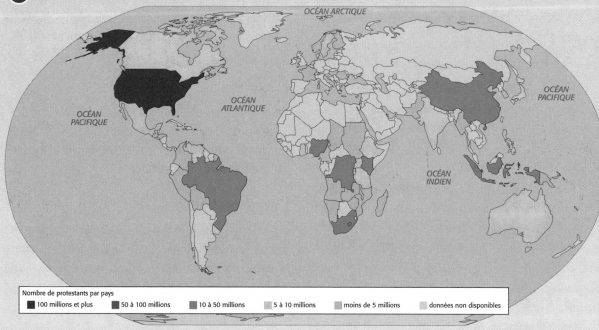

OCÉAN ARCTIQUE

OCÉAN PACIFIQUE

OCÉAN ATLANTIQUE

OCÉAN PACIFIQUE

OCÉAN INDIEN

Nombre de protestants par pays

■ 100 millions et plus ■ 50 à 100 millions ■ 10 à 50 millions ■ 5 à 10 millions ■ moins de 5 millions ■ données non disponibles

Source : *L'atlas des religions : pays par pays, les clés de la géopolitique,* numéro hors-série, coédition La vie – Le Monde, Paris, 2007, 194 p.

Les croyances

On reconnaît généralement cinq croyances communes à toutes les églises protestantes.

- La foi seule (*sola fides*) : seule la croyance en Jésus est nécessaire au salut.

- L'Écriture seule (*sola scriptura*) : seule la Bible a la plus haute autorité. Ainsi, chaque croyant est invité, avec l'aide du Saint-Esprit, à lire la Bible pour y chercher la volonté de Dieu.

- La grâce seule (*sola gratia*) : seul Dieu choisit de donner la foi aux croyants par un acte d'amour mystérieux.

- Dieu seul est sacré (*soli Dei gloria*) : rien ni personne d'autre ne mérite les louanges des croyants.

- Seul Jésus-Christ peut amener à Dieu. D'après la Bible, tous les croyants sont prophètes, prêtres et rois.

B.13

Francesco Fontebasso (1709-1769), *La dernière Cène*, **18ᵉ s., peinture.** Le dernier repas de Jésus avec ses disciples est un des fondements des Églises chrétiennes.

Boîte à outils

Les rites

On célèbre la Cène (ou communion) le dimanche, jour de repos et de prière.

Le baptême est l'autre sacrement.

Les anglicans célèbrent une messe semblable à celle des catholiques. Ils pratiquent le rite de la confession, qu'ils ne considèrent pas comme un sacrement.

Les rites de la mort

Il n'y a pas de délai précis pour célébrer les funérailles. On peut disposer du corps de deux manières, soit par l'incinération soit par l'inhumation. Il n'y a pas de toilette rituelle du corps. Les funérailles ont lieu à l'église.

Les fêtes

Elles rappellent les moments importants dans la vie du Christ.

- Noël (25 décembre) commémore la naissance de Jésus.
- Épiphanie (6 janvier) rappelle que Jésus se manifeste au monde.
- Carême (mars-avril) rappelle les 40 jours que Jésus a passé au désert et où il a subi la tentation.
- Pâques, précédée de la Semaine sainte (mars-avril), pour rappeler la crucifixion et fêter la résurrection de Jésus.
- Pentecôte (mai) commémore le don de l'Esprit-Saint aux apôtres.

Les règles

- Morales : les 10 commandements, les enseignements de Jésus-Christ (aimer Dieu et aimer son prochain).
- Alimentaires : aucune.
- Vestimentaires : aucune.
- Médicales : aucune contre-indication pour le don d'organe ou du corps. L'avortement est permis, même si on le considère comme grave. On suggère en ce sens d'avoir l'avis de son pasteur.

L'organisation

Jésus-Christ demeure le seul chef de l'Église et la Bible a la plus haute autorité. Il n'y a pas de pape qui garantit une certaine unité dans l'organisation. Il y a une grande variété d'organisations selon les divisions et les sous-divisions.

La transmission de la foi

En général, cela se fait dans la famille. Toutefois, certaines Églises supportent des missionnaires qui œuvrent dans d'autres pays. La vie quotidienne des croyants doit témoigner du Christ.

La place de la femme

Dans certaines Églises protestantes, depuis les années 1960, les femmes, mariées ou non, peuvent devenir pasteures et évêques.

B.14

Les femmes peuvent devenir pasteures et évêques.

B.15 Répartition des protestants et des anglicans au Québec par région en 2001

Régions administratives	Population totale	Population protestante	%
01 Bas-Saint-Laurent	195 545	1 730	0,9
02 Saguenay–Lac-Saint-Jean	274 315	2 485	0,9
03 Capitale-Nationale	628 515	8 015	1,3
04 Mauricie	249 705	3 595	1,4
05 Estrie	279 705	17 300	6,2
06 Montréal	1 782 830	143 785	8,1
07 Outaouais	312 820	20 610	6,6
08 Abitibi-Témiscamingue	144 355	2 635	1,8
09 Côte-Nord	96 895	3 630	3,7
10 Nord-du-Québec	38 495	19 370	50,3
11 Gaspésie–Îles-de-la-Madeleine	95 465	4 945	5,2
12 Chaudière-Appalaches	376 575	4 555	1,2
13 Laval	339 000	11 210	3,3
14 Lanaudière	383 340	6 980	1,8
15 Laurentides	454 525	16 260	3,6
16 Montérégie	1 260 150	64 460	5,1
17 Centre-du-Québec	213 345	4 030	1,9
Le Québec	**7 125 580**	**335 595**	**4,7**

Source : D'après les données fournies par l'Institut de la statistique du Québec, recensement 2001.

B.16

La cathédrale anglicane Holy Trinity de Québec, la première hors des îles britanniques, érigée en 1804.

Le protestantisme et l'anglicanisme au Québec

1541 Présence des protestants français (Huguenots) dans le commerce de la fourrure en Nouvelle-France.

1627 Exclusion des non-catholiques de la colonie par ordre du roi de France.

1684 Conversion obligatoire au catholicisme pour les protestants qui veulent s'établir dans la colonie.

1759 Premières congrégations presbytériennes à Québec.

1760 Premier service anglican, célébré à Montréal.

1786 Premières congrégations méthodistes et presbytériennes à Montréal.

19e s. Arrivée des missionnaires méthodistes et baptistes venus évangéliser les immigrants anglais. Des missionnaires français et suisses feront aussi le voyage pour convertir les habitants francophones.

1804 Inauguration de la première cathédrale anglicane hors des îles britanniques : la cathédrale anglicane Holy Trinity à Québec.

1835 Fondation de la première église protestante francophone au Québec.

1881 On compte 530 églises protestantes au Québec.

20e s. Nombreux au début du 20e s., les franco-protestants ont depuis connu un déclin démographique.

21e s. Croissance rapide du nombre des protestants évangéliques.

Boîte à outils

Le judaïsme

Fondateurs
Abraham, Isaac et Jacob, en tant que pères, puis Moïse, en tant que modèle, sont les principales figures fondatrices.

Symboles principaux
Étoile de David et *menorah* (chandelier à sept branches).

Nom du divin
Adonaï, Elohim, Hashem (Yahvé ne peut être prononcé).

Nom des croyants
Les juifs. Principales divisions : orthodoxes (judaïsme traditionnel, interprétation intégrale de la Loi) ; réformés (courant qui adapte la Loi à l'esprit du temps et aux sciences) ; conservateurs (mouvement moderne qui promeut l'importance des traditions historiques et nationales juives).

Textes sacrés
- TaNak (Ancien Testament divisé en trois parties : la Torah (la Loi ou le Pentateuque), les Neviim (les écrits historiques et prophétiques) et les Ketouvim (les hagiographes) ;
- Talmud (la Loi orale) : recueil de droit civil et religieux, qui contient des commentaires sur la Torah.

Lieux saints
Jérusalem, ville sainte du peuple juif ; le mur des Lamentations, le plus important lieu saint du judaïsme.

Lieu de culte
La synagogue.

Chronologie

Les temps bibliques

1 (-3760)	Début du calendrier juif : Dieu crée l'Univers et l'humanité.
1948 (-1812)	Patriarches (Abraham, Isaac, Jacob). Alliance de Dieu avec Abraham.
2447 (-1313)	Sortie d'Égypte des Hébreux avec Moïse. Alliance au mont Sinaï. Moïse reçoit les 10 commandements.

Les temps historiques

10e s. av. notre ère	Construction du premier temple sous Salomon.
-931	Séparation d'Israël en deux royaumes : Samarie et Juda.
-722	Destruction du royaume d'Israël par les Assyriens et expulsion des Israélites.
7e s. av. notre ère	Début du judaïsme.
-586	Nabuchodonosor, roi de Babylone, met le feu au temple.
70	Prise de Jérusalem par Rome. Destruction du deuxième temple.
135	Dispersion des juifs vers l'Espagne (séfarades) et vers l'Allemagne (ashkénazes). Mise à l'écrit de la Loi orale, Talmud de Jérusalem, Talmud de Babylone.
1135-1204	Maïmonide, grand penseur mystique juif.
13e s.	Zohar, texte fondateur du courant mystique de la kabbale.
18e s.	Naissance du mouvement mystique Hassidim.
1939-1945	Holocauste (Shoah). Plus de six millions de Juifs seront systématiquement tués. Exil massif vers la Palestine et les États-Unis.
14 mai 1948	Création de l'État d'Israël. Plusieurs conflits armés suivront entre Israël et les pays arabes voisins.

B.17

Le mur des Lamentations à Jérusalem est le plus important lieu saint du judaïsme.

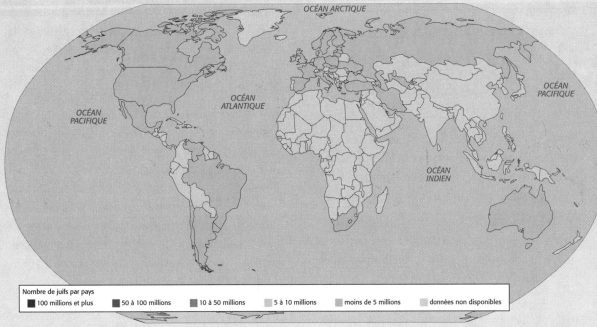

Nombre de juifs par pays

■ 100 millions et plus ■ 50 à 100 millions ■ 10 à 50 millions ■ 5 à 10 millions ■ moins de 5 millions □ données non disponibles

Source : *L'atlas des religions : pays par pays, les clés de la géopolitique,* numéro hors-série, coédition La vie – Le Monde, Paris, 2007, 194 p.

Les croyances

Dieu est unique et il est le créateur de l'Univers. Le judaïsme est dans l'attente d'une ère messianique pacifique et juste.

Les rites

- *Shabbat* : journée consacrée au repos, à la prière et à l'étude qui s'étend du vendredi soir au samedi soir.

- Brit mila : circoncision des garçons huit jours après leur naissance. Les filles se voient attribuer un nom au cours d'une cérémonie spéciale à la synagogue.

- Bar-misvah : le jour du treizième anniversaire d'un garçon, on célèbre à la synagogue son admission officielle dans la communauté juive. Il accepte ainsi la responsabilité de ses obligations religieuses. Pour les filles, la Bat-misvah a lieu à 12 ans.

• Mariage : à l'image de l'union de Dieu et de son peuple, le mariage juif est vécu comme une union sacrée, comme un commandement divin.

Les rites de la mort

Le corps du défunt, lavé et enveloppé dans un linceul, « retournera à la poussière » en étant enterré. Sept jours de deuil sont observés par la famille immédiate.

B.19 Lecture de la Torah.

Boîte à outils

Les fêtes

- *Pessah* (pâque), début du printemps : commémoration de la fuite d'Égypte du peuple hébreu guidé par Moïse.

- *Shavuot* (Pentecôte), fin du printemps : commémoration de la révélation de la Torah de Dieu à Moïse sur le Sinaï.

- Soukkôth (fête des Tabernacles), début de l'automne : commémoration de la fuite du peuple hébreu. On construit une cabane (souccah) où l'on dort et mange, comme l'a fait le peuple hébreu dans le désert.

- Rosh hashanah (nouvel an), fin de l'été : célébration de la création renouvelée, réintronisation de Dieu comme roi et juge de l'Univers.

- Yom Kippour (jour du Pardon), 10 jours après Rosh hashanah : jour de jeûne et de prières, de purification personnelle et d'expiation en implorant le pardon divin.

- Hanoukkah (« Inauguration »), huit jours en décembre : commémoration de la victoire des Maccabées sur les Syriens et de la deuxième consécration du Temple.

Les règles

- Morales : les 10 commandements, tels qu'ils sont écrits dans la Torah et décrits dans le Talmud constituent les fondements de la moralité juive et halakha, une extension de la jurisprudence rabbinique qui englobe tous les aspects de la vie.

- Alimentaires : la kashrut (des règles alimentaires qui concernent essentiellement la consommation des produits d'origine animale (interdiction de consommer des animaux impurs tels que le porc, certains oiseaux, les crustacés et les fruits de mer). L'animal pur peut être consommé uniquement s'il a été soumis aux règles de l'abattage rituel par un spécialiste. De plus, les viandes ne doivent pas être mélangées aux produits laitiers. Les aliments qui respectent ces règles sont dits « cashers ».

- Vestimentaires : kippa (petite coiffe qui couvre le dessus de la tête, séparant ainsi symboliquement l'humain de Dieu, par respect) et tallit (châle de prière rectangulaire aux quatre franges porté lors de certaines prières).

- Médicales : les juifs s'opposent en général à l'euthanasie et à l'avortement. Le fœtus et les membres amputés doivent être enterrés.

B.20 Pour Hanoukkah, on allume une chandelle chaque jour.

B.21 L'éducation à la foi se fait à la synagogue.

L'organisation

Les congrégations et les institutions juives sont dirigées par un rabbin qui enseigne la foi.

La transmission de la foi

Des écoles spirituelles enseignent la religion, la langue et la culture aux enfants. Selon la halakha, est juive toute personne née de mère juive, ou toute personne convertie au judaïsme. Les juifs ne tentent habituellement pas de convertir d'autres personnes au judaïsme.

La place de la femme

Les femmes peuvent être rabbins dans les courants réformés et chez certains conservateurs. Le judaïsme orthodoxe donne un rôle traditionnel à la femme.

B.23 Naamah Kelman, la première femme ordonnée rabbin en Israël en 1992.

Le judaïsme au Québec

B.22 Répartition des juifs au Québec par région en 2001

Régions administratives	Population totale	Population juive	%
01 Bas-Saint-Laurent	195 545	—	0,0
02 Saguenay–Lac-Saint-Jean	274 315	10	0,0
03 Capitale-Nationale	628 515	90	0,0
04 Mauricie	249 705	45	0,0
05 Estrie	279 705	105	0,0
06 Montréal	1 782 830	81 855	4,6
07 Outaouais	312 820	160	0,1
08 Abitibi-Témiscamingue	144 355	—	0,0
09 Côte-Nord	96 895	10	0,0
10 Nord-du-Québec	38 495	10	0,0
11 Gaspésie–Îles-de-la-Madeleine	95 465	10	0,0
12 Chaudière-Appalaches	376 575	25	0,0
13 Laval	339 000	4 140	1,2
14 Lanaudière	383 340	125	0,0
15 Laurentides	454 525	2 125	0,5
16 Montérégie	1 260 150	1 215	0,1
17 Centre-du-Québec	213 345	20	0,0
Le Québec	**7 125 580**	**89 945**	**1,3**

Source : D'après les données fournies par l'Institut de la statistique du Québec, recensement 2001.

1627 Exclusion des non-catholiques de la colonie par ordre du roi de France.

1760 Arrivée des premières familles juives avec le début du Régime britannique.

1768 Première congrégation juive au Canada, à Montréal.

1775 Premier cimetière juif en Amérique du Nord à Montréal.

1777 Première synagogue au Québec.

1832 Obtention par les juifs de tous les droits et privilèges dont jouissent les citoyens du Bas-Canada.

1846 Première synagogue de tradition ashkénaze.

1905 Première bibliothèque juive au Canada, à Montréal.

1913 Nombre de juifs au Canada : 60 000.

1919 Fondation du Congrès juif canadien à Montréal par 209 délégués de partout au Canada.

1934 Ouverture de l'Hôpital général juif de Montréal.

1939-1945 Service de 16 680 Juifs canadiens dans les Forces armées canadiennes.

Boîte à outils

L'islam

Fondateur
Muhammad Ibn 'Abd Allah (Muhammad),
dit le Prophète en (570-632).

Symboles principaux
Le croissant de lune (*hilal*) et l'étoile.

Nom du divin
Allah (*Allah* signifie « le Dieu » en arabe).

Nom des croyants
Les musulmans. Principales divisions : sunnites (environ
88 %), chiites (environ 12 %).

Textes sacrés
Le Coran (*Qur'an*) ; les hadiths (récits) rapportent
les comportements et les paroles de Muhammad.

Lieux saints
La ville de La Mecque, en Arabie saoudite (on y trouve
l'édifice cubique appelé Kaaba qui renferme la pierre noire,
symbole de l'alliance d'Allah avec Abraham) ; le puits
de Zamzam ; Médine, ville où se trouve le tombeau de
Muhammad ; Jérusalem. De plus, pour les chiites, Karbala,
ville où se trouve le tombeau de l'imam Husayn.

Lieu de culte
La mosquée (*masjid* : « lieu où l'on se prosterne »).

Chronologie

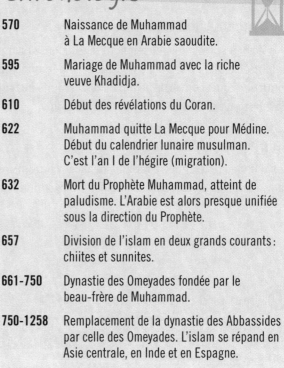

570	Naissance de Muhammad à La Mecque en Arabie saoudite.
595	Mariage de Muhammad avec la riche veuve Khadidja.
610	Début des révélations du Coran.
622	Muhammad quitte La Mecque pour Médine. Début du calendrier lunaire musulman. C'est l'an I de l'hégire (migration).
632	Mort du Prophète Muhammad, atteint de paludisme. L'Arabie est alors presque unifiée sous la direction du Prophète.
657	Division de l'islam en deux grands courants : chiites et sunnites.
661-750	Dynastie des Omeyades fondée par le beau-frère de Muhammad.
750-1258	Remplacement de la dynastie des Abbassides par celle des Omeyades. L'islam se répand en Asie centrale, en Inde et en Espagne.
1206-1576	Sultanats de Delhi. L'islam se répand en Indonésie et en Malaisie.
19ᵉ et 20ᵉ s.	Propagation de l'islam en Somalie et en Tanzanie.
1979	Révolution islamique en Iran avec l'ayatollah Khomeiny (chiite).
1989	Établissement du Régime islamique au Soudan.
1988	Rétablissement de la charia, ou loi islamique, au Pakistan. Il s'agit d'un régime juridique complet qui aborde les questions religieuses, morales et sociales.

B.24

La mosquée Nabawi à Médine. Le Prophète Muhammad
est enterré sous le dôme vert.

Les croyances

Les musulmans croient en un seul Dieu, Allah, tout-
puissant et créateur. Il a transmis un message aux êtres
humains par l'entremise d'Abraham, de Moïse et de
Jésus.

Son dernier prophète est Muhammad. Les croyants
acceptent de se soumettre à la parole d'Allah, afin de
lui rester fidèles jusqu'au jour du Jugement.

Les justes mériteront le paradis, et les méchants seront
jetés en enfer.

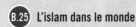
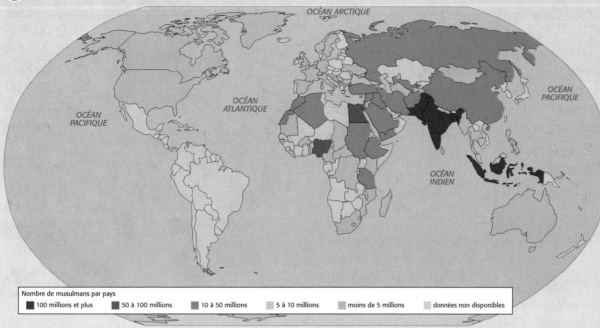

Nombre de musulmans par pays

| ■ 100 millions et plus | ■ 50 à 100 millions | ■ 10 à 50 millions | ■ 5 à 10 millions | ■ moins de 5 millions | ■ données non disponibles |

Source : *L'atlas des religions : pays par pays, les clés de la géopolitique,* numéro hors-série, coédition La vie – Le Monde, Paris, 2007, 194 p.

Les rites

Il y a d'abord les cinq piliers de l'islam.

- Shahada ou profession de foi. « Il n'y a de Dieu qu'Allah, et Muhammad est son prophète. »

- *Salats* ou prières. Elles se font cinq fois par jour : à l'aube, à midi, en après-midi, au coucher du soleil et à la nuit tombée.

- Sawm ou le jeûne du mois du ramadan. Le croyant doit se priver de manger, de boire, de fumer et d'avoir des relations sexuelles entre le lever et le coucher du soleil. Ce jeûne est obligatoire pour tout croyant en bonne santé et âgé d'au moins 12-13 ans.

- Zakat ou l'aumône obligatoire. Elle consiste en un don d'argent ou de biens à la communauté ou aux pauvres.

- Le hajj ou le pèlerinage à La Mecque une fois dans une vie. Obligatoire pour tous ceux qui en sont capables physiquement et financièrement. Ce rite efface tous les péchés du croyant et il est constitué d'une série de gestes précis : marche autour de la Kaaba, station debout immobile du midi au coucher du soleil, lapidation d'une stèle nommée le grand démon, et sacrifice d'un agneau ou d'une volaille.

En plus des cinq piliers, il y a le Tasmiya, cérémonie au cours de laquelle le bébé reçoit son nom.

Le mariage se fait en deux étapes. L'établissement du contrat de mariage, confirmé par l'accord des époux. Après quelques jours, c'est le rite principal : la future mariée est menée chez son époux où de grandes et parfois longues festivités les attendent. Le Coran rejette la polygamie illimitée, en restreignant à quatre le nombre de femmes qu'un musulman peut épouser, et ce, à condition de pouvoir les traiter de façon égale.

B.26 Pour le rite du hajj, des milliers de pèlerins défilent autour de la Kaaba, à La Mecque en Arabie saoudite.

Les rites de la mort

On récite la shahada (profession de foi) à l'oreille du mourant. Après le décès, on lave le corps sans l'embaumer. Des extraits du Coran sur la résurrection des morts sont récités. Tous se rendent alors sans tarder à la mosquée pour une prière, puis au cimetière. Le défunt est finalement mis en terre, la tête orientée vers La Mecque.

Les fêtes

- Id al-Fitr (petite fête) : souligne la fin du jeûne du ramadan et est l'occasion de grandes réjouissances.

- Id al-Adha (grande fête) : vient 70 jours plus tard. On s'associe alors aux sacrifices des pèlerins de La Mecque en sacrifiant un agneau ou une volaille.

- Mawlid : souligne la naissance du Prophète. Pour les chiites s'ajoute Achoura : commémoration du martyre de l'imam Husayn.

- La révélation du Coran à Muhammad.

- La nuit où l'ange Gabriel a conduit le Prophète au ciel (« voyage nocturne » ou « Ascension »).

Les règles

- Morales : les valeurs de justice, d'égalité, de générosité et de protection des faibles composent l'éthique proposée par le Coran. De plus, le Coran interdit les jeux de hasard et le prêt à intérêt.

B.28

Par respect, il faut se déchausser à l'entrée de la mosquée.

- Alimentaires : le Coran interdit la consommation d'alcool et de porc. Est appelé « halal » ce qui est permis par Dieu, et « haram » ce qui est interdit.

- Vestimentaires : il faut savoir que le port du voile existait bien avant Muhammad. Il servait surtout de protection contre les rigueurs du climat désertique et le voile n'était pas porté partout. Dans le Coran, on peut lire que les épouses du Prophète devaient « se couvrir de leurs voiles ». Elles devaient en effet se protéger des regards indiscrets des nombreux visiteurs qui venaient chercher conseil auprès de Muhammad. Le Coran étend cette recommandation à toutes les musulmanes en lien avec le devoir de modestie qui leur revient. Par la suite, cette pratique s'est répandue, mais sans devenir une obligation ; tout dépend des interprétations que l'on fait des passages coraniques où l'on en parle.

- Médicales : l'avortement est toléré seulement si la vie de la mère est menacée.

L'organisation

Il n'y a pas d'autorité suprême dans l'islam, ni d'organisation centrale qui encadre l'ensemble de la communauté. La vie musulmane tourne autour de la mosquée, dirigée par un imam et de l'école coranique (madrasa).

B.27

Le croyant déchaussé prie sur un tapis de prière orienté vers La Mecque.

La transmission de la foi

Tous peuvent devenir musulmans. Le Coran invite les croyants à faire connaître l'islam par l'exemple et la persuasion.

La place de la femme

Cette question est complexe. L'arrivée de Muhammad, au 7e siècle, améliore la situation de la femme. De nos jours, cela varie d'un pays à l'autre. La femme peut être traitée comme l'égale de l'homme, alors qu'ailleurs, elle sera traitée comme inférieure. En Iran, par exemple, la femme a le droit de vote, mais pas au Koweït.

B.29 L'école coranique est parfois située à l'intérieur de la mosquée.

B.30 Répartition des musulmans au Québec par région en 2001

Régions administratives	Population totale	Population musulmane	%
01 Bas-Saint-Laurent	195 545	90	0,0
02 Saguenay–Lac-Saint-Jean	274 315	120	0,0
03 Capitale-Nationale	628 515	2 945	0,5
04 Mauricie	249 705	265	0,1
05 Estrie	279 705	1 205	0,4
06 Montréal	1 782 830	85 485	4,8
07 Outaouais	312 820	2 365	0,8
08 Abitibi-Témiscamingue	144 355	110	0,1
09 Côte-Nord	96 895	–	0,0
10 Nord-du-Québec	38 495	30	0,1
11 Gaspésie–Îles-de-la-Madeleine	95 465	45	0,0
12 Chaudière-Appalaches	376 575	145	0,0
13 Laval	339 000	5 160	1,5
14 Lanaudière	383 340	210	0,1
15 Laurentides	454 525	645	0,1
16 Montérégie	1 260 150	9 615	0,8
17 Centre-du-Québec	213 345	170	0,1
Le Québec	7 125 580	108 605	1,5

Source: D'après les données fournies par l'Institut de la statistique du Québec, recensement 2001.

L'islam au Québec

Début du 20e s.	Arrivée des premiers musulmans au Québec, majoritairement du Liban et de la Syrie.
v. 1960	Premières grandes vagues d'immigration venant d'Égypte et du sous-continent indien.
1965	Fondation du Centre islamique du Québec à Montréal.
v. 1970	La guerre du Liban provoque et favorise une autre vague d'immigration.
v. 1980	Vague d'immigration de musulmans provenant du Maroc, d'Algérie et de la Tunisie.

Boîte à outils

Le bouddhisme

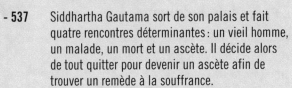
Fondateur

Le Bouddha Siddhartha Gautama (appelé aussi *Shakyamuni* - le sage des Sakyas, ou *Bhagavant* - le bienheureux).

Symboles principaux

La roue du *dharma* qui représente le noble sentier octuple. La stoupa.

Nom du divin

Dans le bouddhisme, le Bouddha est supérieur aux dieux, car il a atteint l'illumination ; dans le bouddhisme mahayana, le Bouddha est transcendant et peut être divinisé.

Nom des croyants

Les bouddhistes. Principales divisions : le theravada (voie des anciens) – tradition qui dit être la plus proche des enseignements originaux du Bouddha ; le mahayana (grand véhicule) – courant qui développe l'idée de plusieurs boud-dhas transcendantaux ; le zen (méditation) – selon cette tradition, la méditation est plus importante que l'étude ; le vajrayana (véhicule du diamant) – tradition tantrique qui développe des rituels et des symboles complexes.

Textes sacrés

Tripitaka ou les trois corbeilles : Sutra Pitaka (discours du Bouddha), Vinaya Pitaka (les règles de la vie monastique), Abhidharma (interprétation et analyse des deux autres textes). D'autres textes d'enseignements et de commentaires se sont ensuite ajoutés.

Lieux saints

Les lieux de pèlerinage indiqués par le Bouddha : Lumbini (lieu de sa naissance), Bodh Gaya (lieu de son éveil), Sarnath (lieu de son premier enseignement), Kushinagara (lieu de sa mort) ; les stoupas (monuments célébrant l'éveil du Bouddha) ; Borobodur (temple indonésien).

Lieux de culte

La pagode ou le temple bouddhiste, les monastères (demeure des moines). Les bouddhistes aménagent souvent chez eux un petit autel domestique favorisant la méditation et le culte du Bouddha et des ancêtres.

- 566	Naissance de Siddhartha Gautama qui deviendra le Bouddha.
- 537	Siddhartha Gautama sort de son palais et fait quatre rencontres déterminantes : un vieil homme, un malade, un mort et un ascète. Il décide alors de tout quitter pour devenir un ascète afin de trouver un remède à la souffrance.
- 531	Éveil de Siddhartha Gautama. Il devient le Bouddha (celui qui est illuminé à 35 ans).
- 486	Mort du Bouddha.
- 486	Première réunion (concile) de la communauté bouddhiste à Rajagriha. Établissement de la règle des moines et de l'enseignement du Bouddha.
-386	Deuxième concile à Vaisali pour discuter de la doctrine bouddhiste.
3e s. av. notre ère	Expansion du bouddhisme en Inde et autour sous le règne d'Ashoka.
1er s.	Introduction du bouddhisme en Chine.
v. 250 av. notre ère	Troisième concile selon l'école theravada. Ashoka ordonne à tous les moines de réciter ensemble les règles.
v. 6e s.	Bodhidharma fonde le *ch'an* (l'ancêtre du zen) en Chine.
538	Introduction officielle du bouddhisme au Japon.
8e s.	Construction du premier monastère bouddhiste au Tibet.
1578	Début de la lignée des dalaï-lamas au Tibet.
1959	Exil en Inde du 14e dalaï-lama.
1989	Prix Nobel de la paix au 14e dalaï-lama.

B.31 La pagode Shwe Dagon, au Myanmar, est le plus grand bâtiment recouvert d'or du monde.

B.32 La fleur de lotus (qui pousse dans la boue, mais donne des fleurs magnifiques) symbolise l'éveil.

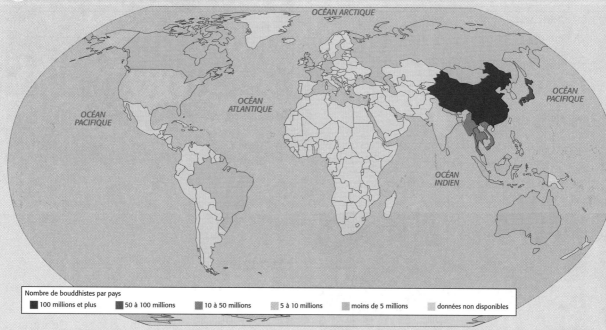

Source : *L'atlas des religions : pays par pays, les clés de la géopolitique,* numéro hors-série, coédition La vie – Le Monde, Paris, 2007, 194 p.

Les croyances

Les bouddhistes sont convaincus que leurs actions ont des conséquences sur les autres ainsi que sur leur propre vie et sur leur vie future. Ils tentent donc de poser de bonnes actions et d'éviter les mauvaises.

À cela s'ajoutent les quatre nobles vérités : 1) la vie est remplie de souffrances ; 2) l'origine de la souffrance est le désir ; 3) il est possible de se libérer de la souffrance (l'état de nirvana, but ultime du bouddhisme) ; 4) le chemin qui permet d'atteindre le nirvana est la noble voie composée de huit éléments à pratiquer de manière juste (la vue, la pensée, la parole, l'action, le travail, l'effort, l'attention et la discipline mentale).

Les rites

Les rites bouddhistes les plus courants sont :

• méditer ;

• prononcer les trois refuges : « je prends refuge dans le Bouddha, dans son enseignement et dans sa communauté » ;

• réciter des louanges bouddhistes ou des paroles sacrées (mantras) ;

B.34

Le temple de Mahabodhi à Bodh Gaya en Inde marque l'endroit où le Bouddha aurait atteint l'éveil.

Boîte à outils

195

- offrir de la nourriture aux moines et aux moniales ;
- offrir de l'encens, de la nourriture, des parfums et de l'eau aux représentations du Bouddha ;
- écouter ou lire l'enseignement du Bouddha ;
- faire un pèlerinage à un lieu bouddhiste.

Les rites de la mort

Le corps du défunt est incinéré ou brûlé sur un bucher. On récite des louanges et des prières pour que la prochaine vie du défunt soit heureuse.

B.36
Wesak est une fête très importante pour les bouddhistes du monde entier.

B.35
Après la mort, le corps est brûlé. Pour les bouddhistes, la mort est un événement positif puisque la réincarnation suivra.

Les règles

- Morales : ne pas tuer ; ne pas prendre ce qui n'est pas donné ; ne pas avoir de mauvais comportements sexuels ; ne pas dire de mensonges, de paroles blessantes, de paroles inutiles ; ne pas consommer d'intoxicants (alcool, drogues, etc.).
- Alimentaires : aucune.
- Vestimentaires : elles obligent les moines à porter un froc ocre, symbole de renoncement, et à avoir les cheveux rasés.
- Médicales : aucune.

Les fêtes

Les dates des fêtes sont déterminées par les phases lunaires et peuvent varier selon l'endroit en fonction des traditions et des cultures des pays où elles ont lieu. Les principales fêtes sont :

- le nouvel an ;
- *Wesak* (printemps) : célébration de la naissance, de l'illumination et de la mort du Bouddha. Ces événements peuvent être fêtés séparément, selon les traditions ;
- la fête des Morts (commémoration des ancêtres) ;
- la célébration du premier discours, le sermon de Bénarès.

B.37
Pour les moines tibétains, le son de la cloche est une offrande musicale et un appel à la méditation.

L'organisation

Il n'y a pas une personne spécifique à la tête du boud-dhisme. Chaque école ou tradition a sa propre structure. Une pagode, un temple ou un monastère est dirigé par un abbé ou une abbesse. Il y a généralement une hiérar-chie entre les plus vieux et les plus jeunes, entre les moines ou moniales et les personnes laïques.

La transmission de la foi

C'est souvent la transmission d'un maître à ses disci-ples sur une base volontaire.

B.38 Une moniale enseigne à ses disciples.

La place de la femme

Certains textes présentent des femmes ayant atteint l'illumination, d'autres la présentent comme source de souffrance. La femme peut devenir moniale, mais dans certains pays, elle est encore soumise à l'autorité des moines.

B.39 Répartition des bouddhistes au Québec par région en 2001

Régions administratives	Population totale	Population bouddhiste	%
01 Bas-Saint-Laurent	195 545	45	0,02
02 Saguenay–Lac-Saint-Jean	274 315	100	0,04
03 Capitale-Nationale	628 515	1 160	0,2
04 Mauricie	249 705	80	0,03
05 Estrie	279 705	250	0,09
06 Montréal	1 782 830	29 840	1,7
07 Outaouais	312 820	785	0,3
08 Abitibi-Témiscamingue	144 355	50	0,04
09 Côte-Nord	96 895	30	0,03
10 Nord-du-Québec	38 495	10	0,03
11 Gaspésie–Îles-de-la-Madeleine	95 465	30	0,03
12 Chaudière-Appalaches	376 575	180	0,05
13 Laval	339 000	3 035	0,9
14 Lanaudière	383 340	340	0,09
15 Laurentides	454 525	1 045	0,2
16 Montérégie	1 260 150	4 325	0,3
17 Centre-du-Québec	213 345	125	0,06
Le Québec	7 125 580	41 430	0,6

Source: D'après les données fournies par l'Institut de la statistique du Québec, recensement 2001.

Le bouddhisme au Québec

Fin 19e s.	Arrivée des premiers Chinois.
1908	Adoption de lois pour limiter l'immigration asiatique.
1940-1950	Arrivée des Japonais en provenance de l'Ouest canadien.
1970-1995	Arrivée de Vietnamiens, de Laotiens, de Cambodgiens et de Tibétains principale-ment en tant que réfugiés.
1979	Fondation de l'Association zen de Montréal.
1989	Le dalaï-lama se voit décerner le prix Nobel de la paix.
1991	Nombre de bouddhistes au Québec : 31 640.
2006	Visite du dalaï-lama au Canada et annonce de l'ouverture du premier Centre du dalaï-lama pour la paix et l'éducation au Canada en 2009.

Boîte à outils

L'hindouisme

Fondateur
Aucun reconnu.

Symbole principal
OM (mantra sacré).

Noms du divin
Brahman (l'Absolu, l'Un, la Force ou le Soi universel, présent en toute chose) ; atman (« âme » individuelle et immortelle de même nature que le brahman, elle est enchaînée au monde par la loi du karma). Le brahman est représenté par trois dieux principaux : Brahma (la création), Vishnu (la préservation) et Shiva (la destruction).

Nom des croyants
Les hindous. Principales divisions : shivaïtes – croient en l'unité de toutes choses, que le monde est illusion (*maya*), qu'on peut se délivrer de la *maya* par le yoga et le culte ; vishnuïtes : le monde est réel, l'Absolu se manifeste parfois sous la forme d'*avatars* ou envoyés ; ils pratiquent des rites de dévotion.

Textes sacrés
Les Veda (*Rig-Veda* ou Veda des strophes, *Yajur-Veda* ou Veda des formules, *Sâma-Veda* ou Veda des mélodies, *Atharva-Veda* ou formules pour rites quotidiens) ; Upanishad (Approches) ; Sûtras (Aphorismes ou Lois de Manu) ; la Grande Épopée (Le *Mahabharata* ou « La grande guerre des Bhâratas » et le *Ramayana* « La geste de Rama ») ; *Purânas* (Antiquités) ; *Tantras* (Livres).

Lieux saints
Le Gange (fleuve sacré de l'Inde) ; Bénarès (ville sainte de l'Inde).

Lieux de culte
Le temple (lieu de culte associé à une divinité) ; l'ashram (demeure d'un guru et de ses disciples) ; le centre de yoga (lieu de pratique du yoga et de la méditation).

B.40
Des offrandes à la déesse Shiva flottent sur le Gange.

Chronologie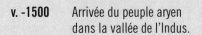

v. -1500	Arrivée du peuple aryen dans la vallée de l'Indus.
v. -1500 à -500	*Ère védique.*
v. -500 à aujourd'hui	*Ère brahmanique.*
v. -500	Rédaction des Upanishads.
v. -550	Naissance du bouddhisme, du jaïnisme et d'autres ordres d'ascètes.
v. -200	Naissance de la *bahkti*.
v. -200	Naissance du vishnuïsme.
v. -175	Proclamation de l'hindouisme, religion d'État en Inde.
v. 100	Naissance du shivaïsme.
v. 500	Achèvement des Grandes Épopées (*Ramayana*, *Mahabharata*).
v. 500	Construction des premiers temples hindous.
v. 600	Naissance du tantrisme.
1192-1757	Domination de l'Empire musulman.
1400-1500	Renaissance de l'hindouisme. Échanges spirituels et culturels importants avec l'islam.
1834-1886	Ramakrishna, grand mystique hindou.
1857-1947	Colonisation britannique de l'Inde.
1869-1948	Gandhi, dirigeant politique, guide spirituel et opposant non violent à la colonisation britannique.
1896-1977	A.C. Bhaktivedanta Swami Prabhupada, fondateur de « l'Association internationale pour la conscience de Krishna ».
1917-2008	Maharishi Mahesh Yogi, fondateur du Mouvement de la méditation transcendantale. Les Beatles, qui comptaient parmi ses disciples, l'ont fait connaître en Occident.
15 août 1947	Indépendance de l'Inde.
1950	Loi indienne abolissant le système des castes.
1980-	Développement d'un nationalisme hindou représenté par certaines organisations politiques.

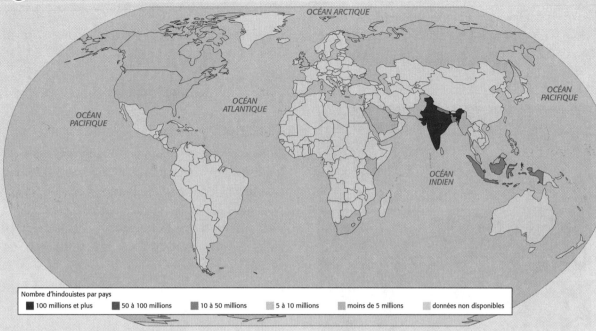

Source : *L'atlas des religions : pays par pays, les clés de la géopolitique,* numéro hors-série, coédition La vie – Le Monde, Paris, 2007, 194 p.

Les croyances

• Karma : loi selon laquelle toute action, bonne ou mauvaise, aura une conséquence de même nature sur son auteur, c'est-à-dire qu'on récolte ce que l'on sème.

• Samsara : cycle des renaissances (vie, mort, réincarnation).

• Moksa : délivrance, libération du samsara (but ultime de l'hindouisme).

Les rites

Il en existe plusieurs.

• *Puja* : prières, récitations de mantras et offrandes (fruits, fleurs, riz, lait, etc.) faites à une divinité devant un petit autel domestique.

• Les pèlerinages : marcher vers Bénarès, l'Himalaya, vers certains temples (Kumbh Mela : pèlerinage très populaire qui a lieu tous les 3 ans ; Maha Kumbh Mela qui a lieu tous les 12 ans).

• Yoga : exercice physique, psychologique et moral visant le plein épanouissement spirituel.

• *Bhakti* : pratiques de dévotion envers une représentation personnelle du divin.

B.42

Chaque année, des millions de pèlerins viennent se purifier dans le Gange.

• Rites tantriques : rites initiatiques de nature ésotériques parfois extrêmes.

• *Darshan* : étreinte, contact visuel, bénédiction reçue par un représentant de la divinité.

Boîte à outils

Les rites de la mort

Le corps est incinéré ou brûlé sur un bûcher et les cendres sont dispersées dans un cours d'eau. Réservé aux intouchables (hors-castes), le rituel ne peut être accompli que par un homme.

B.43
La dépouille est portée au bûcher.

Les fêtes

- *Durgâ-pûjâ* (en octobre-novembre, « Noël du Bengale » procession de chars transportant l'image de Durga).

- *Holî* : (en mars, fête du printemps et du dieu amour ; relâchement des normes sociales : on s'insulte et on s'asperge de poudres et d'eau colorée).

- *Shivarâti* (en mars, célébration nationale en l'honneur de Shiva ; jeûnes et veilles dans les temples).

- *Sri Vaishnavas* (en avril, célébration en l'honneur de Vishnu et de sa compagne Shrî).

- Ganesha Chaturthi (en septembre, anniversaire du dieu à tête d'éléphant Ganesha).

- Divali : (en octobre, célébration de Rama et de son épouse ; on allume des lampes).

Les règles

- Morales : il s'agit d'abord des quatre buts de la vie (*purushartha*) : Artha (prospérité matérielle), *Dharma* (s'acquitter de ses devoirs de caste), *Kâma* (les plaisirs physiques et émotionnels), *Moksha* : la libération ; vient ensuite *Ahimsa* (principe de non-violence), puis karma (loi morale qui dit que l'on récolte ce que l'on sème).

- Alimentaires : le principe de non-violence (*ahimsa*) encourage le végétarisme ; traditionnellement, on mange la nourriture préparée par un membre de sa caste ou celle d'une caste supérieure ; les hindous qui consomment de la viande s'abstiennent de consommer du bœuf (en effet, la vache est tenue pour sacrée, elle représente la mère, la fertilité, la paix).

- Vestimentaires : le tilak (point coloré sur le front représentant en général le troisième œil qui voit à travers l'illusion).

- Médicales : aucune.

L'organisation

Il y a les cinq castes (hiérarchie de devoirs) : brahmanes (enseignement des Veda) ; ksatriyas (politique et

B.44
Holî est la fête du printemps et le festival des couleurs.

B.45
Un enfant reçoit le tilak.

militaire) et vaisyas (agriculture et commerce) ; sudras (au service des trois autres) ; hors-castes (les intouchables tels les expulsés, les étrangers, les impurs...).

Il y a également les gurus (maîtres spirituels qui enseignent à des disciples).

La transmission de la foi

La transmission de la foi se fait par le guru à ses disciples, sur une base volontaire.

La place de la femme

La situation sociale de la femme dans l'hindouisme traditionnel est souvent difficile pour deux raisons : elle a comme devoir d'aimer et de servir son mari et la fille doit être offerte en mariage accompagnée d'argent ou de biens matériels, ce qui endette souvent sa famille.

B.46
La cérémonie du mariage est très longue et haute en couleur.

B.47 Répartition des hindous au Québec par région en 2001

Régions administratives	Population totale	Population hindoue	%
01 Bas-Saint-Laurent	195 545	10	0,005
02 Saguenay–Lac-Saint-Jean	274 315	0	0,0
03 Capitale-Nationale	628 515	220	0,04
04 Mauricie	249 705	15	0,01
05 Estrie	279 705	55	0,02
06 Montréal	1 782 830	22 315	1,3
07 Outaouais	312 820	60	0,02
08 Abitibi-Témiscamingue	144 355	0	0,0
09 Côte-Nord	96 895	10	0,01
10 Nord-du-Québec	38 495	0	0,0
11 Gaspésie–Îles-de-la-Madeleine	95 465	0	0,0
12 Chaudière-Appalaches	376 575	25	0,01
13 Laval	339 000	455	0,1
14 Lanaudière	383 340	0	0,0
15 Laurentides	454 525	40	0,01
16 Montérégie	1 260 150	1 280	0,1
17 Centre-du-Québec	213 345	30	0,01
Le Québec	**7 125 580**	**24 515**	**0,3**

Source : D'après les données fournies par l'Institut de la statistique du Québec, recensement 2001.

L'hindouisme au Québec

1915-1965	Acte canadien d'exclusion des Asiatiques.
1950-1960	Entrée des premières familles indiennes.
1960	Indépendance des États africains. Immigration vers les pays du Commonwealth des Indiens vivant en Afrique.
v. 1960	Diffusion de l'hindouisme à travers la contre-culture hippie.
v. 1970	Création des premières organisations religieuses hindoues.
1980-	Apparitions de nombreux centres de yoga aux approches diverses.
1989	Création de la seule chaire d'étude de l'hindouisme en Amérique du Nord à l'Université Concordia.

Boîte à outils

Les spiritualités des peuples autochtones du Québec

Fondateur
Aucun reconnu.

Symboles principaux
Le cercle ou roue-médecine, symbole de l'harmonie, des cycles de la vie et de la communion entre les êtres ; les points cardinaux ou les quatre grandes forces naturelles ; le totem qui est l'expression d'une tribu ou d'une famille à travers un animal qui les représente ; le capteur de rêves ; le tambour symbole du pouls de l'Univers, de la Terre-Mère.

Noms du divin
Être suprême (Grand-Esprit, Grand-Manitou) ; les esprits qui varient selon les nations, Sedna (esprit inuit de la mer) ; Papakassik (Innus) ; Manitous (Algonquiens) ; Okki (Hurons et Iroquois), et de nombreux autres.

Nom des croyants
Les principales divisions sont les spiritualités amérindiennes (ensemble de croyances dont plusieurs sont communes à d'autres nations) ; les Inuits (groupe ethnique distinct, traditionaliste) ; les chrétiens (suite à l'évangélisation, acculturation chrétienne de plusieurs communautés amérindiennes).

Récits sacrés
La Grande Tortue (Mohawks) ; Aataentsic (Hurons-Wendats) ; Nanabojo (Algonquins) ; Glouskap (Abénakis, Micmacs) ; Sedna (Inuits).

Lieux de sépulture
Ces lieux demeurent sacrés en tout temps.

Lieux de culte
La tente de sudation et dans le territoire traditionnel.

B.48
Un capteur de rêves.

Chronologie

-30 000 à -15 000	Arrivée en Amérique des premières populations de chasseurs et de leurs cultes.
-1000	Arrivée des premiers ancêtres des Inuits. Sédentarisation des populations amérindiennes.
1492	Population de cinq millions d'Amérindiens en Amérique du Nord.
1500-1600	Introduction du christianisme par les colonisateurs.
1537	Reconnaissance de l'humanité des Amérindiens par le pape Paul III. Il les désigne aptes à recevoir la foi chrétienne.
1634	Grandes épidémies qui déciment les populations amérindiennes (variole).
1608	Évangélisation des Algonquins par les Récollets.
1632	Première mission jésuite chez les Innus.
1700	Essor des mouvements prophétiques dans les spiritualités amérindiennes.
1876	Loi sur les Sauvages qui, entre autres, crée les réserves.
1880	Population de 300 000 Amérindiens en Amérique du Nord.
v. 1960	Création du *American Indian Movement* aux États-Unis. Retour aux spiritualités et aux pratiques traditionnelles.
1980	Béatification de la première sainte amérindienne, Kateri Tekakwitha (1656-1680).

Les croyances

Il y a le monde visible des humains et le monde invisible des esprits. Tous les éléments de la nature sont sacrés et sont animés par l'Esprit. Tous les êtres sont interdépendants. Il y a harmonie cosmique et équilibre. Les rêves constituent des messages du monde invisible.

Les rites

Les rites sont variés. On trouve les jeûnes (privations sous l'autorité d'un ancien) ; la tente à sudation (on y accomplit des rites de prière, de purification et de guérison) ; les rites de passages (naissance, premiers pas, puberté, mort, premier gibier, etc.) ; les rites de guérison (on cherche à rencontrer l'âme du malade) ; les rites saisonniers de chasse, de pêche, des semailles, des moissons ; la pipe sacrée (fumée lors de rencontres importantes) ; le rite de la tente tremblante chez les Algonquiens (entretien des bonnes relations entre les humains et les esprits, le chaman en transe entre en contact avec les esprits et d'autres chamans pour s'informer de ce qui se passe sur d'autres territoires). Ces rites trouvent aussi leur expression par la danse et les chants sacrés. Chez les communautés christianisées, notons le pèlerinage à Sainte-Anne-de-Beaupré et les dévotions à Marie et à sainte Anne (Innus et Micmacs).

Les rites de la mort

Ils comprennent des cérémonies procédant à des prières, à des remerciements et à une communion avec le Grand-Esprit. Il y a attribution d'un nom (d'un animal ou d'un ancêtre) pour l'entrée dans la vie après la mort. Plusieurs autres rites peuvent suivre un décès (jeûne, abstinence, offrandes, repas, enterrement).

Les fêtes

- Pow-wow : danses et musique (ces fêtes renforcent le sentiment d'appartenance à la tribu et entretiennent les solidarités intertribales ; on y pratique parfois le *potlatch* ou partage de biens.
- La danse du soleil (pratiqué après le solstice d'été, ce rituel fête le renouveau et rapproche les membres du groupe ; chez les Cris, transe individuelle apportée par les douleurs d'être suspendu à un poteau par des crochets insérés dans la peau).
- La quête de la vision (chez les Algonquiens), rite qui permet à l'initié d'entrer en contact avec le monde des esprits, sous la forme d'une vision animale ou d'un rêve.

B.49 Un danseur en costume traditionnel dans un pow-wow mohawk.

Les règles

- Morales : peu de contraintes, la liberté individuelle est très respectée, mais un acte nuisible aura des conséquences sur son auteur.
- Alimentaires : prières et bénédictions précédent la chasse, la pêche et la cueillette (il y a aussi les jeûnes rituels).
- Vestimentaires : les cheveux peuvent être considérés comme sacrés et gardés longs ; le sac de médecine contient des plantes prescrites par un ancien et des objets reliés aux esprits protecteurs ; des costumes sont traditionnels selon les communautés (inscriptions marquant des événements importants, coiffures particulières).
- Médicales : grande importance donnée à l'herboristerie, aux produits de la nature et aux techniques de guérisons naturelles.

L'organisation

Chaque membre a une responsabilité pour garder l'harmonie et l'équilibre. Au besoin, il fera appel aux anciens (sages pouvant interpréter les rêves et accomplir différents rites de guérison, transmettre leurs connaissances aux prochaines générations) et au chaman (personnage qui fait le pont entre le monde des esprits et celui des humains, sa fonction est d'éviter les désordres qui pourraient survenir avec des mauvais esprits – pénurie de chasse, mauvais temps météorologique, épidémie, etc.).

Boîte à outils

La transmission de la foi

Chaque membre apprend sa foi par l'observation et en vivant différents rituels. Le chaman hérite son rôle de sa famille, reçoit l'appel d'un esprit ou l'acquiert à la suite d'une quête personnelle volontaire.

La place de la femme

La femme représente la Terre-Mère et incarne la fécondité. Elle veille à la croissance et à la socialisation des enfants. Toutes les activités des femmes feront d'elles des Gardiennes de la vie.

B.51 Population amérindienne et inuite au Québec au 31 décembre 2006

Nations	Total
Abénakis	2 074
Algonquins	9 498
Attikameks	6 163
Cris	15 120
Hurons-Wendat	2 999
Innus	15 915
Malécites	775
Micmacs	5 026
Mohawks	11 472
Naskapis	637
Inuits	10 423
Total	**80 172**

Source : Affaires indiennes et du Nord Canada.

B.50 Les 11 nations

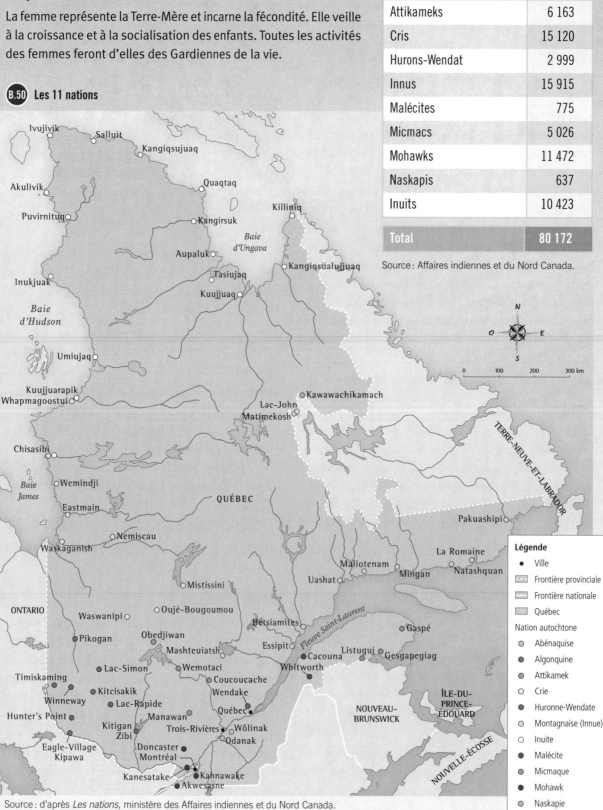

Source : d'après *Les nations*, ministère des Affaires indiennes et du Nord Canada.

Les régions administratives du Québec

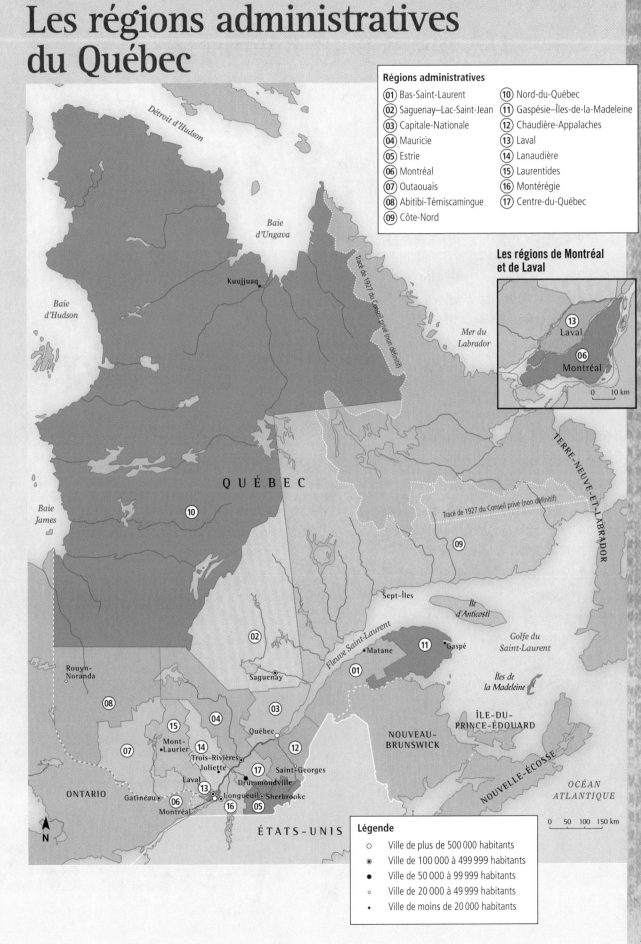

Régions administratives

01 Bas-Saint-Laurent
02 Saguenay–Lac-Saint-Jean
03 Capitale-Nationale
04 Mauricie
05 Estrie
06 Montréal
07 Outaouais
08 Abitibi-Témiscamingue
09 Côte-Nord
10 Nord-du-Québec
11 Gaspésie–Îles-de-la-Madeleine
12 Chaudière-Appalaches
13 Laval
14 Lanaudière
15 Laurentides
16 Montérégie
17 Centre-du-Québec

Les régions de Montréal et de Laval

13 Laval
06 Montréal

0   10 km

Détroit d'Hudson

Baie d'Ungava

Baie d'Hudson

Kuujjuaq

Mer du Labrador

Baie James

QUÉBEC

10

Tracé de 1927 du Conseil privé (non définitif)

TERRE-NEUVE-ET-LABRADOR

Tracé de 1927 du Conseil privé (non définitif)

09

Sept-Îles

Île d'Anticosti

Golfe du Saint-Laurent

02

Rouyn-Noranda

Saguenay

Fleuve Saint-Laurent

Matane

11

Gaspé

Îles de la Madeleine

08

01

ÎLE-DU-PRINCE-ÉDOUARD

15

04

03

Québec

12

NOUVEAU-BRUNSWICK

Mont-Laurier

14

07

Trois-Rivières

Joliette

17

Saint-Georges

NOUVELLE-ÉCOSSE

OCÉAN ATLANTIQUE

Laval

13

Drummondville

Gatineau

06

Longueuil

Sherbrooke

ONTARIO

Montréal

16

05

N

ÉTATS-UNIS

0   50 100 150 km

Légende

○ Ville de plus de 500 000 habitants
◉ Ville de 100 000 à 499 999 habitants
● Ville de 50 000 à 99 999 habitants
○ Ville de 20 000 à 49 999 habitants
• Ville de moins de 20 000 habitants

Boîte à outils

dialogue Des pistes pour favoriser le dialogue

Préparez-vous.

1. Établissez et respectez la façon de procéder.
2. Cernez le but poursuivi.
3. Délimitez le sujet.
4. Faites de la recherche sur ce sujet. Est-ce un sujet : controversé ? d'actualité ? qui fait l'unanimité ? Gardez l'esprit ouvert, utilisez votre jugement critique.
5. Mettez de l'ordre dans vos idées. Elles doivent être claires, nettes et précises !
6. Élaborez votre point de vue. Faites preuve de cohérence, évitez les pièges !

Discutez avec vos camarades.

Quand vous parlez :

1. Tenez des propos respectueux.
2. Prenez le temps de nuancer, d'éclaircir et de bien exprimer votre point de vue, vos perceptions, vos sentiments.
3. Prêtez attention aux manifestations non verbales.
4. Évitez les jugements, les procédés susceptibles d'entraver le dialogue et les conclusions hâtives.
5. Donnez des exemples pour appuyer votre point de vue.
6. Demandez à vos camarades s'ils ont bien compris vos idées.

Quand vos camarades parlent :

1. Prêtez attention à leurs propos pour en comprendre le sens.
2. Manifestez de l'ouverture et du respect à l'égard de ce qui est exprimé.
3. Adoptez une attitude qui favorise le bien commun et le vivre-ensemble.
4. Posez des questions lorsque vous ne comprenez pas.

Faites le point.

1. Qu'est-ce qui est communément accepté ?
2. Qu'est-ce qui est compris ?
3. Qu'est-ce qui crée des tensions ?

dialogue Les formes du dialogue

La conversation

Échange entre deux ou plusieurs personnes dans le but de partager des idées ou des expériences.

Par exemple : Deux personnes parlent de leurs dernières vacances.

La discussion

Échange, suivi et structuré, d'opinions, d'idées ou d'arguments dans le but d'en faire l'examen.

Par exemple : Des élèves analysent le code de vie à l'école afin d'en comprendre toutes les implications.

La narration

Récit détaillé, écrit ou oral, d'une suite de faits et d'événements.

Par exemple : Une grand-mère raconte sa vie à ses petits-enfants.

La délibération

Examen avec d'autres personnes des différents aspects d'une question (des faits, des intérêts en jeu, des normes et des valeurs, des conséquences probables d'une décision, etc.) pour en arriver à une décision commune.

Par exemple : La directrice demande à un groupe d'élèves et de parents d'examiner la question de l'alimentation à la cafétéria de l'école afin de décider des meilleurs menus à offrir.

L'entrevue

Rencontre concertée de deux ou de plusieurs personnes pour en interroger une sur ses activités, ses idées, ses expériences, etc.

Par exemple : Une journaliste rencontre un musicien pour l'interviewer sur son dernier album.

Le débat

Échange encadré entre des personnes ayant des avis différents sur un sujet controversé.

Par exemple : Des chercheurs et un groupe de cégépiens se rencontrent et exposent tour à tour leurs points de vue et leurs recherches sur la production de l'électricité au Québec.

Le panel

Rencontre entre quelques personnes choisies pour leurs connaissances sur une question donnée afin d'exposer leurs points de vue respectifs, de dégager une vision d'ensemble et d'échanger avec un auditoire.

Par exemple : Un producteur de poulet, une biochimiste, une végétarienne et un enseignant en activité physique se rencontrent lors d'une émission de télévision pour se prononcer sur la question de l'importance des protéines dans l'alimentation. Le public est présent et peut poser des questions.

dialogue Comment élaborer un point de vue

Une méthode pour décrire

1. Ciblez précisément le sujet de la description.
2. Établissez l'ordre de présentation des éléments de la description. Par exemple :
   - commencez par des points d'ordre général et allez à des points plus précis ;
   - suivez l'ordre dans lequel les éléments apparaissent dans la réalité ;
   - commencez par ce qui est évident et allez vers ce qui l'est moins.
3. Posez-vous des questions en utilisant les marqueurs suivants et assurez-vous que votre description y répond.
   - **Qui**…? Qui est-ce qui…? De qui…? À qui…?
   - Qu'est-ce **que**…? Qu'est-ce qui…? De quoi…?
   - **Quand** est-ce que…?
   - **Où** est-ce que…?
   - **Comment** est-ce que…?
   - **Pourquoi** est-ce que…?
   - **Combien** est-ce que…?
4. Faites une conclusion qui reprend les principaux éléments de la description.

La description

Énumération de caractéristiques propres à une situation d'ordre éthique ou à une expression du religieux. La description doit permettre une représentation la plus complète possible de la situation d'ordre éthique ou de l'expression du religieux.

La description sert à présenter ou à faire voir aux lecteurs les lieux, les personnages, les expressions du religieux, les situations, etc.

Une méthode pour comparer

1. Déterminez précisément les éléments à comparer.
2. Trouvez des aspects comparables. Par exemple :
   - les personnes concernées ;
   - le déroulement.
3. Notez les ressemblances. Pour exprimer des ressemblances, utilisez des expressions comme :
   - aussi… que… ; le même… que… ; comme… ; semblable à… ; ressembler à…
4. Notez les différences. Pour exprimer des différences, utilisez des expressions comme :
   - plus… que… ; moins… que… ; tandis que… ; différent de… ; se distinguer de…
5. Décidez de ce qui est le plus important.
6. Placez vos idées en ordre. Par exemple :
   - commencez par des choses d'ordre général et allez à des points plus précis ;
   - suivez l'ordre dans lequel les éléments apparaissent dans la réalité ;
   - commencez par ce qui est évident et allez vers ce qui l'est moins.
7. Tirez vos conclusions. Par exemple :
   - quels sont les avantages et les inconvénients des divers éléments ?
   - qu'avez-vous découvert de nouveau ?
   - que choisissez-vous ?

La comparaison

Établissement de différences ou de ressemblances entre deux ou plusieurs éléments.

La comparaison permet de faire ressortir les différences et les ressemblances entre des éléments.

Boîte à outils

Une méthode pour faire une synthèse

1. Notez ou surlignez toutes les idées et tous les arguments pertinents.
2. Éliminez ce qui n'est pas important.
3. Reformulez dans vos propres mots.
4. Organisez les éléments dans un ordre logique. Par exemple :
   - suivez le même ordre de présentation que dans le texte ou l'exposé ;
   - commencez par ce qui est le plus important ;
   - suivez l'ordre chronologique.
5. Prévoyez une nouvelle présentation des informations.

La synthèse

Résumé rassemblant les éléments principaux (idées, faits, expériences, arguments, etc.) d'une discussion, d'un récit ou d'un texte, dans un ensemble cohérent.

La synthèse permet d'organiser les informations en un tout cohérent.

Une méthode pour expliquer

1. Ciblez précisément ce que vous voulez expliquer.
2. Décidez de la forme que prendra votre explication :
   - un article de revue ou de journal ;
   - un schéma explicatif ;
   - un texte qui présente un problème et une solution.
3. Pensez à ce que vous savez déjà sur le sujet, à l'aide de questions (Qui ?, Quoi ?, Où ?, Comment ?, Pourquoi ?).
4. Rassemblez l'information nécessaire pour répondre à la question « Pourquoi ? » et choisissez ce qui est le plus pertinent.
5. Donnez les informations nécessaires. Faites des liens entre les éléments de l'explication. Utilisez des expressions comme :
   - parce que… ; étant donné que… ; par conséquent… ; donc…
6. Variez votre vocabulaire et utilisez différents procédés pour faciliter la compréhension. Par exemple :
   - donnez des exemples ;
   - reformulez certains passages ;
   - donnez des définitions ;
   - donnez le sens de certains symboles.
7. Si votre explication est longue, terminez en la résumant brièvement.

L'explication

Développement destiné à faire connaître ou comprendre le sens de quelque chose.

L'explication permet de répondre aux questions « Pourquoi… ? » « Comment se fait-il que… ? » et donne des causes, des raisons, des motifs et des conséquences.

La clé du succès de cette opération ? Les faits !

Une méthode pour faire une justification

1. Formulez votre point de vue.
2. Prenez conscience de ce que vous ressentez par rapport au sujet et pensez aux réactions que peut susciter votre point de vue.
3. Cherchez des idées ou des arguments pour appuyer votre point de vue. Par exemple :
   - réfléchissez à partir des faits que vous observez ;
   - consultez différentes sources ;
   - pensez aux arguments de quelqu'un qui ne partage pas votre point de vue ;
   - pensez aux objections possibles.
4. Décidez de ce qui est le plus pertinent pour justifier votre point de vue.
5. Ajoutez un ou plusieurs exemples à vos arguments.
6. Établissez l'ordre de présentation de vos idées et de vos arguments. Par exemple :
   - partez du plus simple pour aller vers le plus compliqué ;
   - partez de ce qui est plus compliqué, pour simplifier ensuite ;
   - partez de ce qui est le plus évident dans les faits.
7. Si votre justification est longue, terminez en la résumant brièvement.

La justification

Présentation d'idées et d'arguments logiquement reliés afin de démontrer ou de faire valoir un point de vue. Une justification a pour but de présenter les motifs d'une opinion ou de convaincre les autres du bien-fondé de son point de vue.

Le défi ? Éviter les pièges qui peuvent entraver le dialogue !

Comment interroger un point de vue

dialogue

Il est important d'examiner les points de vue et les opinions que vous élaborez, que vous entendez, que vous lisez. Posez-vous des questions.

- Les éléments utilisés sont-ils assez nombreux ?
- Les éléments utilisés sont-ils cohérents ?
- L'argumentation est-elle rigoureuse ?

De plus, repérez les jugements qui sont portés ; c'est d'une importance capitale. Les jugements mal fondés et les erreurs de jugement peuvent être une source de malentendus. Ils peuvent constituer des obstacles au dialogue et empêcher les échanges de progresser.

Une méthode pour juger de l'organisation des idées

Vérifiez les raisons évoquées

1. Quelles raisons avance la personne pour justifier son point de vue ?
2. Les raisons avancées sont-elles clairement exprimées ?
3. Les raisons sont-elles pertinentes ?
4. Les raisons avancées sont-elles assez nombreuses pour soutenir le point de vue ?
5. Existe-t-il des raisons autres que celles qui sont données ?

Évaluez la clarté

1. Le point de vue est-il cohérent et non contradictoire ?
2. Le point de vue repose-t-il sur plusieurs critères ou sur un seul critère ?
3. Y a-t-il assez d'éléments pour justifier le point de vue ?

Une méthode pour analyser le point de vue

Cherchez ce qui est à l'origine

1. Le point de vue est-il réaliste, conforme à la réalité ?
2. Le point de vue s'appuie-t-il sur des jugements ? Si oui, lesquels ?
3. Pourquoi la personne pense-t-elle ainsi ?
4. L'argumentation comporte-t-elle des procédés susceptibles d'entraver le dialogue ?
5. La personne est-elle influencée par les autres ?

Prêtez attention au respect du vivre-ensemble

1. Le point de vue tient-il compte du vivre-ensemble ?
2. Le point de vue est-il conforme au respect des droits et libertés de l'être humain ?
3. Le point de vue tient-il compte de la loi ?

Prévoyez les conséquences

1. Existe-t-il des conséquences non souhaitées ?
2. Existe-t-il des conséquences imprévisibles ?
3. Quelles sont les conséquences pour les autres personnes ?
4. Est-ce que les conséquences sont identiques pour tout le monde ?

Boîte à outils

Les types de jugements

Le jugement de préférence

Énoncé dans lequel une personne exprime ses goûts ou ses préférences.

Exemples :
- *Je trouve que la liberté est plus importante que l'argent.*
- *Jouer de la guitare est l'activité que j'aime le plus.*

Le jugement de réalité

Énoncé qui consiste en une observation sur un fait, un événement ou une personne.

Un jugement de réalité peut être faux.

Exemples :
- *L'église, la synagogue et la mosquée sont des lieux de prière.*
- *La Bible et le Coran sont des livres sacrés.*
- *J'ai vu Marie au cinéma.*

Le jugement de prescription

Énoncé qui exprime une obligation.

Exemples :
- *Tu ne tueras point.*
- *Il est interdit de traverser la rue au feu rouge.*

Le jugement de valeur

Énoncé dans lequel une personne affirme ses valeurs.

Exemples :
- *La santé est plus importante que l'argent.*
- *Il est important de se respecter.*

dialogue Les procédés susceptibles d'entraver le dialogue

1 La généralisation abusive

Faire une généralisation, c'est tirer une conclusion générale à partir d'un seul cas ou de quelques cas isolés, sans vérifier si cela suffit pour en arriver à cette conclusion.

2 L'attaque personnelle

Faire une attaque personnelle, c'est critiquer un aspect d'une personne, plutôt que de critiquer ses arguments.

3 L'argument d'autorité

Utiliser un argument d'autorité, c'est faire appel incorrectement à une personne en position d'autorité pour appuyer un argument.

4 L'appel à la popularité

Faire un appel à la popularité, c'est utiliser un argument pour dire qu'une chose est vraie, bonne ou acceptable uniquement parce qu'un grand nombre de personnes le dit.

5 L'appel au clan

Faire un appel au clan, c'est utiliser comme argument l'opinion d'un groupe de personnes que l'on juge estimables.

6 L'appel au préjugé

Faire un appel au préjugé, c'est utiliser un argument basé sur une opinion préconçue, sur une idée toute faite, favorable ou défavorable, et qui est souvent imposée par le milieu, l'époque ou l'éducation.

7 L'appel au stéréotype

Faire un appel au stéréotype, c'est utiliser un argument qui contient une image figée d'un groupe de personnes et qui ne tient pas compte des singularités de chaque individu. Cette image est généralement négative et basée sur des renseignements faux ou incomplets.

8 La double faute

La double faute consiste à dire qu'on a le droit de faire une bêtise parce que d'autres personnes font la même.

9 La caricature

La caricature déforme la pensée ou la position de quelqu'un en les représentant de manière simplifiée ou exagérée.

10 Le faux dilemme

Le faux dilemme, c'est le fait de présenter deux choix : le premier choix étant inacceptable, on se voit donc dans l'obligation de choisir l'autre possibilité.

11 La fausse causalité

C'est dire qu'un phénomène est la cause d'un autre phénomène, alors qu'il n'y a pas vraiment de lien entre les deux.

Boîte à outils

12 La fausse analogie

Une fausse analogie, c'est dire qu'une chose est pareille à une autre, alors qu'elle ne fait que lui ressembler un peu. C'est tirer une conclusion à partir de cette ressemblance.

13 La pente fatale

La pente fatale, c'est le fait d'affirmer qu'une action va nécessairement causer une suite de situations épouvantables qui mèneront à coup sûr à un désastre.

14 Le complot

Le complot, c'est quand on pense qu'une situation est nécessairement causée par ceux qui profitent de cette situation.

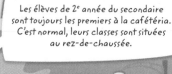

Glossaire

Abbé (catholicisme) : prêtre catholique qui n'appartient pas à un **ordre religieux.**

Apartheid : politique de ségrégation des gens de couleur en Afrique du Sud en vigueur jusqu'en 1990.

Apôtres (christianisme) : les douze disciples choisis par Jésus-Christ pour propager ses enseignements.

Ascète : personne qui s'impose un grand nombre de privations par piété.

Atman (hindouisme) : l'âme immortelle. Parce que l'animal est doté de l'*atman*, il est considéré comme sacré.

Autonomie : capacité d'une personne à subvenir à ses propres besoins.

Baptême (christianisme) : sacrement qui marque l'entrée dans la communauté de croyants.

Bat-misvah (judaïsme) : rite qui souligne l'entrée officielle des jeunes filles, en principe à 12 ans, dans la communauté religieuse juive. Pour les garçons, c'est bar-misvah, à 13 ans.

Béatifié (au féminin, béatifiée) (catholicisme) : personne décédée, élevée au rang des bienheureux par le pape.

Bienheureux (catholicisme) : personne dont l'Église catholique a reconnu des mérites et des vertus hors du commun.

Brahmane : en Inde, membre de la **caste** des prêtres et des enseignants.

Canonisée (au masculin, canonisé) (catholicisme) : personne décédée, nommée sainte ou saint par l'Église catholique, après une analyse détaillée de sa vie.

Caste : division sociale en Inde.

Cène (christianisme) : dernier repas auquel participa Jésus avec ses disciples, les apôtres.

Chœur : dans une église, espace où sont situés les célébrants pendant la messe.

Congrégation religieuse : groupe de religieux qui vivent ensemble et qui observent les mêmes règles. Voir aussi *ordre religieux*.

Contre-culture : ensemble des éléments culturels s'opposant à la culture dominante.

Diocèse (catholicisme) : territoire géré par un évêque et qui comprend plusieurs paroisses.

Enjeu éthique : une valeur ou une norme qui est abordée dans une question éthique. Par exemple : « Quelle serait la meilleure façon de se comporter avec les fumeurs ? » Cette question a pour enjeu éthique la tolérance.

Eucharistie (christianisme) : sacrement qui commémore la mort du Christ. Pendant l'eucharistie, le prêtre prononce la bénédiction du pain et du vin, il communie en mangeant l'hostie et en buvant du vin. Ensuite, le prêtre distribue les hosties aux fidèles.

Éveil ou **illumination** (bouddhisme) : état du plus haut degré de sagesse et de compréhension atteint par le Bouddha. Cet état l'amena à formuler les quatre nobles vérités.

Évêque (christianisme) : prêtre ou pasteur qui a la responsabilité d'un diocèse.

Expression du religieux : l'ensemble des éléments qui ont un lien avec la religion et dont on perçoit la présence dans la société. Par exemple : La Torah, la fête de Noël, le minaret, la prière et certains noms de rue faisant référence à des saints sont des expressions du religieux.

Fidèle : personne qui pratique une religion.

Grand Pardon ou **Yom Kippour** (judaïsme) : Rite pendant lequel les croyants expient leurs fautes et se réconcilient avec Dieu. Ce rite d'une journée se déroule sans aucune activité, dans le jeûne et la prière.

Guru (hindouisme) : maître spirituel.

Hijab (islam) : voile porté par certaines musulmanes en signe de modestie et de piété.

Interdépendant : se dit des êtres vivants ou des choses qui sont dans un état de dépendance mutuelle.

Kippa (judaïsme) : calotte que les hommes juifs portent sur la tête en signe de reconnaissance de la présence divine.

Ksatriya (hindouisme) : **caste** des nobles et guerriers qui exécutaient les sacrifices sous les ordres et la surveillance des brahmanes.

Laïque : personne qui n'appartient pas au clergé.

Mithila : royaume de l'Inde ancienne. Selon le récit du *Ramayana*, Sita, l'épouse de Rama, était princesse dans ce royaume.

Noble voie octuple (bouddhisme) : le chemin qui mène à l'arrêt de la souffrance. Elle comporte huit éléments dont la parole juste et le travail juste.

Norme : exigence qui guide un comportement. Les principes moraux et les règles morales sont des normes. Les normes balisent les comportements, c'est-à-dire qu'elles tracent des chemins à suivre.

Offrande : dans plusieurs religions, don fait à une divinité.

Ordre religieux : groupe de religieux qui vivent ensemble et qui observent les mêmes règles. Voir aussi *congrégation religieuse*.

Pâque juive ou *Pessah* (judaïsme) : fête qui commémore la sortie des Hébreux d'Égypte et la fin de leur esclavage il y a plus de 3500 ans.

Paroisse (catholicisme, protestantisme) : territoire sous la responsabilité d'un prêtre (curé de la paroisse) ou d'un pasteur.

Pèlerin : personne qui fait un pèlerinage.

Pèlerinage : voyage fait par piété par les croyants vers un lieu saint.

Philosophe : personne qui pratique la philosophie. Le philosophe acquiert de la sagesse en faisant l'expérience de difficultés, en se questionnant, en réfléchissant, et en menant des recherches sur le rapport de l'homme au monde et sur son propre savoir.

Principe : proposition sur laquelle repose un raisonnement.

Principe moral : norme qui définit ce qu'il est nécessaire de faire (ou de ne pas faire) pour atteindre ce qui est considéré comme bien. Par exemple, l'énoncé « ne fais pas aux autres ce que tu ne voudrais pas qu'on te fasse » est un principe moral.

Puja (hindouisme) : rite cérémoniel au cours duquel les croyants font des offrandes et récitent des prières devant la représentation d'un dieu (une photo, une affiche, une sculpture). La *puja* est un rite qui vise à obtenir l'aide d'un dieu.

Quatre nobles vérités (bouddhisme) : ces quatre vérités sont au centre de l'enseignement du Bouddha. Il y a la vérité de la souffrance, de l'origine de la souffrance, de l'extinction de la souffrance et de la voie octuple.

Question éthique : question qui porte sur des valeurs ou des normes.

Règle morale : norme qui précise comment on applique un principe moral. Par exemple, la règle « il est interdit de pirater des logiciels » peut être une application du principe « tu ne dois pas voler ton prochain ».

Repère : élement de la société qui permet d'alimenter une réflexion. Les repères peuvent être d'ordre moral, religieux, scientifique, littéraire ou artistique.

Révélations (islam) : paroles de Dieu transmises à Muhammad par l'ange Gabriel et qui forment le Coran.

Sacre (christianisme) : rite religieux par lequel la religion reconnaît l'autorité d'un roi ou d'une reine.

Sacrements (christianisme) : rites religieux solennels du christianisme.

Saint (au féminin, sainte) (catholicisme) : personne que l'Église catholique a canonisée. Pour être reconnue comme sainte, une personne doit remplir plusieurs conditions : être décédée, avoir mené une vie chrétienne exemplaire et avoir accompli un miracle.

Seder (judaïsme) : repas spécial qui est célébré les deux premiers soirs de la Pâque juive. Il est constitué d'une succession d'étapes mêlant bénédictions, alimentation, récits et chants.

Simplicité volontaire : façon de vivre des personnes qui visent à être moins dépendantes de l'argent et moins gourmandes des ressources de la planète.

Tallit (judaïsme) : châle de prière en laine, en lin ou en soie. Ce sont habituellement les hommes juifs qui le portent, mais certaines femmes le portent également. Ce vêtement permet aux croyants de se rappeler qu'ils doivent obéir aux commandements de Dieu.

Valeur : caractère attribué à des choses, à des attitudes ou à des comportements qui sont plus ou moins estimés ou désirés par les individus. Une valeur peut parfois servir de critère pour évaluer si un comportement est acceptable. Par exemple, l'honnêteté, le respect des animaux, le droit à la liberté, le courage, le sens de la famille sont des valeurs.

Vision du monde : regard que l'on porte sur soi et sur son entourage. Ce regard donne un sens aux pensées, aux sentiments et aux comportements de chaque individu. Il fournit également une explication sur la vie ou le vécu. La vision du monde diffère d'un individu à l'autre, selon ses expériences de vie, les relations humaines, les valeurs, les normes, les croyances ou les convictions. Elle est appelée à se transformer au fil du temps.

Glossaire

Index

Vivre ensemble 1

Sources iconographiques

ALAMY
p. 186 (B.17) : R. Cracknell
p. 188 (B.21) : Israel Images
p. 190 (B.24) : T.M. Yosuf
p. 192 (B.27) : World Religions Photo Library
p. 192 (B.28) : Imagebroker
p. 193 (B.29) : S. et R. Greenhill
p. 200 (B.45) : Corbis Premium RF

ARMÉE DU SALUT, MONTRÉAL
p. 42 (3.17)

ART RESOURCE, NY
p. 15 (2.2) : E. Lessing
p. 23 (2.16) : Scala
p. 53 (4.4) : Scala
p. 74 (5.9) : Giraudon
p. 76 (5.10) : Victoria & Albert Museum, London
p. 79 (5.11) : HIP
p. 80 (5.13) : Réunion des Musées Nationaux
p. 120 (8.3) : Scala
p. 169 (B.1) : Alinari

CCDM
p. 185 (B.16) : J.-C. Dufresne

CONSEIL DU PATRIMOINE RELIGIEUX DU QUÉBEC
p. 50 (4.1)
p. 99 (7.2)
p. 100 (7.4)
p. 103 (7.9)
p. 104 (7.10)
p. 105 (7.11)
p. 105 (7.12)
p. 106 (7.13)
p. 106 (7.14)
p. 109 (7.15)
p. 109 (7.16)
p. 110 (7.17)
p. 110 (7.18)
p. 110 (7.20)
p. 111 (7.21)
p. 111 (7.22)
p. 111 (7.23)
p. 118 (7.27)
p. 118 (7.28)

CORBIS
p. 16 (2.4) : Solus-Veer
p. 16 (2.5)
p. 16 (2.7) : J.L. Pelaez, JLP
p. 16 (2.9) : Flint
p. 16 (2.1) : Zoe, zefa
p. 20 (2.15) : Bettmann
p. 24 (2.18) : J.L. Pelaez, Inc., Blend Images
p. 24 (2.21) : F. Cardoso, zefa
p. 24 (2.21) : Rob & Sas
p. 28 (2.22) : Images.com
p. 28 (2.23) : S. Nagy, Design Pics
p. 54 (4.5) : P. Deliss, Godong
p. 56 (4.8) : D. Noshir, Sygma
p. 57 (4.10) : T. Bognar
p. 58 (4.11) : P. Lissac, Godong
p. 59 (4.12) : J. Horowitz, zefa
p. 60 (4.13) : A. Garg
p. 61 (4.14) : A. Datta, Reuters
p. 62 (4.16) : A. Wright
p. 68 (4.17) : G. Giansanti, Sygma
p. 68 (4.18) : R. Friedman
p. 68 (4.19) : C. Tanasiuk, Design Pics
p. 68 (4.21) : P. Deliss, Godong
p. 73 (5.5) : B. Walton, epa
p. 73 (5.6) : C. Lovell
p. 73 (5.8) : M. Kemp
p. 74 (bas), 75 (droite), 76 (haut) : L. Hebberd
p. 80 (5.12) : F.G. Mayer
p. 79 (droite), 80 (haut) : A. Thévenart
p. 85 (6.1) : Momatiuk - Eastcott
p. 86 (6.3, gauche) : S. Bellis, Reuters
p. 86 (6.4) : B. Bird, zefa
p. 89 (6.7) : G.H.H. Huey
p. 90 (6.9) : F. Damm, zefa
p. 92 (6.12) : É. Robert, Sygma
p. 112 (7.24) : W. Manning
p. 112 (7.25) : D. Keister
p. 119 (8.1) : P. Souders
p. 119 (8.2) : J. Hrusa, epa
p. 120 (8.4) : G.D. Orti
p. 120 (8.5) : The Gallery Collection
p. 126 (8.11) : J. Wilkes Studio
p. 126 (8.13) : L. Clarke
p. 126 (8.14) : J. Craigmyle
p. 126 (8.20) : J. Craigmyle

p. 137 (9.3) : H. Benser, zefa
p. 138 (9.4) : R.T. Nowitz
p. 138 (9.5) : Images.com
p. 147 : JLP, Deimos, zefa
p. 148 (9.10) : R. Yongrit, epa
p. 149 (10.1) : J.P. Laffont, Sygma
p. 150 (10.3) : P. Turnley
p. 150 (10.4) : M. Brambatti, epa
p. 150 (10.6) : M. Arnaud
p. 153 (10.9) : Minnesota Historical Society
p. 154 (10.11) : Minnesota Historical Society
p. 155 (10.13) : P. Hardy
p. 156 (10.16) : A. Aitchison
p. 156 (10.17) : P. Turnley
p. 159 (10.18) : Hulton-Deutsch Collection
p. 168 (10.24) : C. Karnow
p. 168 (10.25) : H. Sitton, zefa
p. 177 (B.2) : A. Maher, Sygma
p. 178 (B.4) : Free Agents Limited
p. 179 (B.6) : The Art Archive
p. 180 (B.7) : P. Deloche, Godong
p. 180 (B.8) : K. Baldev, Sygma
p. 183 (B.13) : Arte & Immagini, srl
p. 187 (B.19) : H. Isachar
p. 188 (B.20) : L. Bobbé
p. 189 (B.23) : D. Rubinger
p. 191 (B.26) : K. Nomachi
p. 194 (B.31) : B. Krist
p. 194 (B.32) : J. Westrich, zefa
p. 195 (B.34) : Atlantide Phototravel
p. 196 (B.35) : N. Benn
p. 196 (B.36) : S. Shamsudin, epa
p. 196 (B.37) : T. et G. Baldizzone
p. 197 (B.38) : M. Freeman
p. 198 (B.40) : M.M. Harvey
p. 199 (B.42) : J.P. Laffont
p. 200 (B.43) : K. Nomachi
p. 200 (B.44) : F. Soltan
p. 201 (B.46) : B. Krist

DORLING KINDERSLEY
p. 55 (4.7)
P. 202 (B.48) : Silver Burdett Ginn

ISTOCKPHOTO
p. 16 (2.10) : C. Schmidt
p. 49 (gauche)
p. 50 (4.1, symbole)
p. 50 (4.2, symbole)
p. 50 (4.3, symbole)
p. 65 (haut)
p. 65 (bas)
p. 125 (8.9) : V. Varvaki
p. 132 (8.16) : V. Varvaki
p. 169 : J. Paul
p. 206 : C. Schmidt

JUPITERIMAGES
p. 16 (2.3)
p. 16 (2.6)
p. 16 (2.8)
p. 34 (3.9)
p. 48 (3.18)
p. 48 (3.19)
p. 48 (3.20)
p. 112 (7.26)
p. 132 (8.15)
p. 132 (8.19)

MAXX
p. 184 (B.14) : Hill Street Studios

MÉGAPRESS
p. 38 (3.12) : Philiptchenko
p. 125 (8.8)
p. 181 (B.10)

MICHEL **BRUNELLE**
p. 100 (7.6)

MUSÉE DE LA CIVILISATION, COLLECTION DU SÉMINAIRE DE QUÉBEC
p. 33 (3.6) : P. Soulard

MUSÉE MARGUERITE-BOURGEOYS
p. 29 (3.2) : B. Dubois
p. 30 (3.4) : N. Rajotte

MUSÉE MCCORD
p. 34 (3.8)
p. 37 (3.10)
p. 38 (3.13)

NUANCE PHOTO
p. 30 (3.3) : F. Lemoyne
p. 30 (3.5) : F. Lemoyne
p. 38 (3.14) : F. Lemoyne
p. 41 (3.16) : F. Lemoyne

p. 50 (4.3) : F. Lemoyne
p. 100 (7.3) : F. Lemoyne
p. 100 (7.5) : F. Lemoyne

PEARSON EDUCATION
p. 141 (9.6) : Creative Eye, MIRA.com, Media Image Resource
p. 156 (10.15) : Silver Burdett Ginn

PETER ARNOLD INC.
p. 73 (5.7) : J. Boethling
p. 159 (10.19) : H. Lloyd

PHOTOFEST
p. 69 (5.1)

PHOTONONSTOP
p. 150 (10.5) : Image Source
p. 161 (10.20) : Banana

PHOTOHÈQUE ERPI
p. 50 (4.2)
p. 68 (4.20)
p. 86 (6.5)
p. 124 (8.7)
p. 125 (8.10)
p. 126 (8.12)
p. 132 (8.17)
p. 132 (8.18)
P. 137 (9.2)
p. 141 (9.7)
p. 142 (9.8)
p. 148 (9.11)
p. 150 (10.7)
p. 155 (10.12)
p. 161 (10.21, gauche)
p. 162 (10.22)

PHOTORESEARCHERS, INC.
p. 55 (4.6) : R.T. Nowitz

PONOPRESSE
p. 70 (5.2) : Twentieth Century Fox, Gamma – Eyedea
p. 70 (5.4) : Fotoblitz, Stills – Eyedea

PUBLIPHOTO
p. 29 (3.1) : Y. Marcoux
p. 85 (6.2) : R. Maisonneuve
p. 110 (7.19) : P.G. Adam
p. 182 (B.11) : P.G. Adam
p. 203 (B.49) : J.P. Danvoye

QUÉBEC EN IMAGES, CCDMD
p. 37 (3.11) : C. Lauzon

RÉUNION DES MUSÉES NATIONAUX
p. 153 (10.8) : Art Resource, NY
p. 155 (10.14) : Art Resource, NY

ROBERT HARDING WORLD IMAGERY
p. 62 (4.15)

SHUTTERSTOCK
p. 161 (10.21, centre) : eyespeak
p. 161 (10.21, droite) T.M. Perkins

SUPERSTOCK
p. 90 (6.8)

THE BRIDGEMAN ART LIBRARY
p. 70 (5.3) : Private Collection, Photo © Christie's Images
p. 91 (6.10) : © British Library, London, UK/© British Library Board. All Rights Reserved
p. 91 (6.11) : © Louvre, Paris, France
p. 133 (9.1) : Louvre, Paris, Lauros, Giraudon
p. 149 (10.2) : Museo Archeologico Nazionale, Taranto, Puglia, Italy
p. 153 (10.10) : Michaelis Collection, Cape Town, South Africa

THE GRANGER COLLECTION, NEW YORK
p. 41 (3.15)
p. 89 (6.6)
p. 123 (8.6)

UNIVERSITÉ LAVAL, QUÉBEC
p. 33 (3.7) : M. Robitaille

UQAM
p. 100 (7.7)

WORLD RELIGIONS PHOTO LIBRARY
p. 57 (4.9) : P. Gapper

YVES **TESSIER**
p. 185 (B.16) : Les Productions Tessima Ltée

Vivre ensemble 1